新 腔

张怡微 著

山东画报出版社

目 录

爱情为什么变成了历史

琼瑶《窗外》
　"但愿我生时有如火花,死时有如雪花" / 3
王安忆《长恨歌》三读 / 19
王朔《过把瘾就死》
　"我真希望自己知道怎么跟你一刀两断" / 34
海岩《一场风花雪月的事》
　"姑娘要是不跟你撒谎,那准是不爱你了" / 40
张爱玲《半生缘》
　"也是因为我实在叫你灰心" / 48
《繁花》二读 / 54

新 腔

白先勇《金大班的最后一夜》
　　"多走了二十年远路" / 60

苏童二读 / 65

严歌苓《少女小渔》
　　"那一塌糊涂的幸福也没有了" / 75

唐颖《上东城晚宴》
　　绮梦与真情 / 79

蒋晓云二读 / 85

毕飞宇《青衣》
　　"江山如此多娇，我们的女青年为什么要往月球上跑？" / 92

袁琼琼《少年时》
　　"父亲据说很疼我" / 97

威廉·特雷弗
　　"我也不是想让你们认为我不爱丈夫" / 101

《雷雨》
　　"我真希望他再让步一些，把雪里搽上点泥" / 107

樋口一叶《青梅竹马》
　　"爱情夭夭是生来注定，真心却那么罕见" / 113

村上春树《没有女人的男人们》
　　"有时候失去一个女人也等于失去所有的女人" / 117

马里奥·普佐《教父》
　　"友谊"的建构 / 121

斯蒂芬·金《尸体》
　　"但世事就是这样，有的人会沉沦下去" / 124
《简·爱》与《呼啸山庄》
　　"因为我的缘故，你们现在非做朋友不可" / 129

往日闲愁今日止

《四郎探母》
　　哎呀负心汉 / 137
《狮吼记》
　　男人为什么爱"泼妇" / 142
《庄子休鼓盆成大道》
　　来路不明的美妇人 / 148
《蒋兴哥重会珍珠衫》
　　千分惊险千分喜，好聚好散又好聚 / 154
《桃花扇》
　　"回忆起了往昔，令人神魂颠倒的爱" / 161
《杜十娘怒沉百宝箱》
　　"这件事总是我自己荒唐" / 166
《卖油郎独占花魁》
　　"若有短处，曲意替他遮护" / 171

新 腔

《王娇鸾百年长恨》

　　"往日闲愁今日止" / 177

戏台与枷锁

持尺忽觉衡量难——从越剧《情探》到电影《半生缘》 / 185
电视剧《一把青》

　　"一个世代的完而不了" / 189
《一一》

　　"谁若年轻一岁，那他就不会明白" / 193
《女人，四十》

　　"人生如朝露，休涕泪，莫愁烦" / 200
《男人四十》

　　"如果我是老师的话，我就可以每天看到她正面" / 207
《心动》

　　"这是我第一次和另一个人一起看天亮" / 214
《甜蜜蜜》

　　"你比我爱人重" / 221
《玻璃之城》

　　"人生有你一定要走完的缘分" / 224
《花样年华》

　　"出去买碗面，还穿得真漂亮" / 228

《最想念的季节》
　　"无论如何,是她诀别他的" / 232
《青蛇》
　　"那是叫人软弱无能、万念俱灰的快乐" / 238
《胭脂扣》
　　"如果,你也有一点真心" / 243
《孤恋花》
　　"人的一生回过头看,真是不知所云" / 248

后　记
　　一棵树怎会生出不同的果子 / 252

爱情为什么变成了历史

琼瑶《窗外》
"但愿我生时有如火花,死时有如雪花"

许多人都不知道,琼瑶小说在上海的传播,曾经有过一段奇异的旅程。我母亲是沪剧爱好者,少女时期考上区沪剧团,因为家里反对她唱戏,才放弃了梦想。她是从沪剧舞台上看到《月朦胧鸟朦胧》《心有千千结》之后,才买了琼瑶女士的小说,继而喜欢上这个作家,开始追随她的电视剧。在此之前,她并没有真正的阅读习惯。

我小时候在家里看到过《心有千千结》的书,还用牛皮纸包了封面,令人感受到一种朴素的珍惜。那时候我家里根本没有几本书,母亲将《心有千千结》常放在床边,尽管她的婚姻很糟糕。再婚之后,她不再沉迷言情小说,开始艰辛地耕耘日常生活。偶尔一次继父说起,他年轻时曾经乱闯红灯,骑自行车从工厂里赶回家看电视剧《几度夕阳红》，母亲在一边笑嘻嘻地嘲讽他是神经病，是令人欢喜的温馨场景。

母亲告诉我，1987年她生我时，一时取不出名字，就想用《心有千千结》中小护士江雨薇的名字。"雨里的蔷薇"，她觉得这个名字的意境很好，取了谐音，还怕被人看出来，故意把"蔷薇"的"薇"，改成了"微笑"的"微"，所以我的名字是从琼瑶女士小说里来的。我母亲是无线电厂的女工，没有什么文化，我的名字寄托了她对我未来的期望。她可能从未想过我会成为作家，也不敢想我会成为一名老师。命名是一种期望函数，也许在那个年代，我母亲从心底里希望我漂亮、活泼、善解人意，还能嫁入豪门，这一生就算圆满了。她没有在意小说里所说的"这名字太软弱"，又或者那个时代的女性并不以为软弱是什么问题。

在二十世纪八九十年代，沪剧改编通俗小说的情况屡有发生，不仅是流行小说，也改编诸如《茶花女》《魂断蓝桥》等浪漫故事。如今的舞台上，这样的戏已经很少见，令人十分怀念从前花园书房里的痴怨情仇和外国舞会上说着一口上海话的杯盏心事。

据当时的沪剧导演刘卫国回忆，沪剧《月朦胧鸟朦胧》上演后，赢得了广泛瞩目，先后在市内几个剧场演出，都出现了爆满的热潮。这台演出，刘灵珊盘旋在宴桌前独叹的舞姿脱胎于昆剧"盘桌子"的身段，舞台上还有裴欣桐和陆超的吉他弹唱和双人舞，在现代歌舞里糅进了传统的"串翻身""扳腰落地"等等（刘卫国《我导沪剧〈月朦胧鸟朦胧〉》），可以说先锋又精彩。改编者也是用心在编曲、舞美和借鉴多门类的表演艺术上。沪剧《心有千千结》甚至承担了一些挽救票房的功能,据上海沪剧院的诸伯承回忆,当年上海戏曲舞台上出现了多年来少有的困难局面,有的演出上座率只有三四成,在这种不景气的状况下,上海沪剧院三团改编了《心有千千结》,谁知公演后,反应十分热烈,连演连满。从琼瑶小说的传播史来看,它们可能具有一定的历史价值,影响了很多上海观众。

在这个时期读起琼瑶,源自很偶然的机会。写完博士论文以后,有一段极度疲倦的日子,刚好有个朋友送了我三个版本的《窗外》,闲来无事,我翻了一遍,居然觉得挺好看。因为这实在不是我印象里的琼瑶,尽管她曾离我的人生那么近。譬如我以前看琼瑶小说的时候,最纳闷的就是怎么小说里老是在下雨,是不是一种重复的文本布置。"望着窗外那绵绵密密的细雨"(《烟雨蒙蒙》)、"她心里像燃烧着一盆好热好热的大火……外面的雨已经加大了"(《我是一片云》)、"外面在下雨,你不能出去,你会受凉……"(《庭院深深》)。这让我想起黄锦树曾经在散文《芦花江湖》中写到的,当《落雨的小镇》获得联合文学小说新人奖时,他收获了东年的评价,"小说里的雨下得太大了"。

"小说里的雨下得太大了。"一直到我在台北前前后后住了五年,我才知道,台北的雨有时候真是那么大的,可以下那么久,可以成为进入梦里的沁凉和凛冽,并不是琼瑶女士刻意文过饰非。就连张大春都写过:"雨大得把我的牙齿都淋湿了。"与此同时,更加深刻的懂得还包括"台湾桂花开的季节特别长"(《烟雨蒙蒙》)。我常在政大校园门口闻到桂花香,直觉桂花都乱开,贯穿一年始终。

在琼瑶小说进入大陆之前,大陆年轻男女在表达"爱"这件事上其实是有困难的。男女谈恋爱,不会说"我爱你",内心巨澜与爱的失语互相映照,是一个世代的心灵景观。琼瑶女士带领一代年轻男女完成了"爱的教育",这种教育包括情感启蒙、情感表达方式及情话书写。当然,她也不可避免地诱发了受困在不幸婚姻中的妇女觉察到自己的弱小和不幸,觉察到自己可能从来没有谈过恋爱。她令她们想起了自己家乡的初恋情人,想起了漫长的离别,也想起了枯燥的日常生活和永恒的心碎。她们可能发现自己家的客厅里开始需要一些鲜花,可能发现今晚月亮的颜色令人感到寂寞,发现窗外下雪了,然而心中的雪显然下得更大一些。她们也可能对自己报废的一生不再怀有希望,却给自己的女儿取了一个听来的、好听的名字,希望下一代能够获得更多的重视和关爱,希望女儿能嫁给真心喜爱的人,不要像自己一样,受困于婚姻的牢笼郁郁寡欢。但对于那个理想爱人到底应该是什么样的,理想爱情应该是什么样的,她们心里又不是十分清楚。她们好像找到了一个远大理想,却没有具体的目标。这种"唤起"与憧憬,着力在日常生活里,依然是飘忽而渺茫的。因为现实生活仍然是公共性的,爱情的社会意义、社会责任仍然被强调着,婚恋需要服从国家建设,更要讲求集体利益,许多劳动模范在叙述自己事迹的时候，都会强调"几次推迟婚期"，好像大禹治水的民间传说。一直到二十世纪九十年代末，国家在话语表达上才确认了婚姻属于个人私事（董怀良《改革开放以来中国婚姻"私事化"研究》）。所以在2000年之前，琼瑶言情的范畴都还是先锋的产物，是民间的、边缘的、未被确认却被广泛感知的情感教育范本。我们都是这个范本脉络的遗产。可以说，自私奔之祖"卓文君"企图把男女婚姻变成私事，一直要到二十世纪九十年代末，才终于实现了，这真令人感慨。

神奇的是，尽管我们早就叫琼瑶女士"奶奶"，但"琼瑶热"在大陆起起伏伏，始终没有完全退出过历史舞台。网络时代又将这些老剧重新翻炒一遍，表情包和弹幕令"琼瑶"符号从代表着诗情画意、激烈矫情的女性样态，流衍并生发出一种奇特的幽默感，仿佛是技术时代的馈赠。

2015年，初安民先生推荐我参加香港书展，获益匪浅。书展上有一个朗诵会，陈若曦女士朗读了她的《七十自述》片段，因为实在太有趣我记录了下来，她朗读的内容是这样的：

> 初二时，有个皮肤白嫩的小个子学生因为数学不及格，留级到了我们班。恰好坐在我的前面，她叫陈喆。父亲是师范大学历史教授，住我家附近的青田街。陈喆来后，由于座位紧挨着，加上又是小说迷，中外名著无所不读，很快和我无所不谈了。陈喆性情温柔内敛，文笔极好，藏在我抽屉里

的留书都是爱啊恨的文艺腔调,早已崭露小说天才。陈喆有个双胞胎弟弟,小时常常吵架,她总以为父母偏心男孩。有个夏日黄昏,我刚要吃饭,忽见她找上门来,手里握着一支药水瓶,说:陈秀美(陈若曦本名),我不想活了,她愤愤地表示,你是我最好的朋友,我向你道别来了!我一听吓坏了,顾不得吃饭,连忙陪她在附近散步,一边好言劝解。原来她和弟弟争看《基督山恩仇记》,弟弟因为力气大抢了过去,而父母袖手旁观,气得她跑去买了药准备自杀。我陪她经过同学家,绕过潮州街横跨水沟的墙上,两个人傍着桥栏,望着潺潺流水,趁她没有提防,我用力打掉她手中的药瓶,药瓶落入水底,她眼看自杀不成,就让我陪她回家。陈母感激我送她回家,特地送我到大门,我趁机告诉她有关吃药的事,不料伯母笑笑说,啊呀,她就会闹,死不了。隔了半年吧,类似的事件再度上演,这回我不紧张了,悠然地陪她逛了一圈,趁机夺去药瓶后送她回家。她高中转到北二女去了,我们往来较少。直到高三那年闹出她和国文老师蒋先生恋爱,遭到家长打压,我到陈家,走动又多了起来。那年头中学里严禁师生恋,但太阳底下没有新鲜事,我很早就从陈喆那里得知,她父母就是师生恋成婚的。她对父母恋爱的细节如数家珍,譬如个子矮坐第一排的母亲如何把情书揉成小丸子,等父亲捧书讲解走到她桌前,用力一弹,正好落在他摊开的书本中。有其母必有其女。现在自己做了母亲竟倒过头来打压女儿，令我十分不平。她和老师合写一本日记表达爱意。爱情不敌世故人情。陈母骗了这本日记拿去影印，摘取要点向教育厅告发。为了向我证明她反对的有理，也给我看了几页，果然缠绵悱恻，令人心惊肉跳。这场师生恋以老师撤职被画下句点。次年有同学在台南撞见他，面容苍老憔悴，令人不胜同情。经过这番折腾，陈喆已无心考大学，一心只想离家。台湾就这么大，高中学历也找不到工作，结婚成了摆脱家庭的最佳渠道。陈秀美，她向我表白，谁有两万块，我就嫁给他。陈家也想到婚姻这条路，于是广邀青年才子来家里做客，鼓励女儿，有个时期青年才子川流不息……不久她结婚嫁去高雄，把初恋写成小说，以琼瑶为笔名，一炮走红文坛。

以上，基本就是琼瑶小说《窗外》里里外外的故事情节。因为自传性实在太强，反而令人不知该如何评论。琼瑶女士笔下的那位总是若有所思的女学生江雁容栩栩如生，电影版选角也好，没有比十七岁的林青霞更像江雁容的。"白衬衫、黑裙子、白鞋、白袜，背着一个对她而言似乎太大了一些的书包，齐耳的短发整齐地向后梳，使她那张小小的脸庞整个露在外面。两道清朗的眉毛，一对如梦如雾的眼睛，小巧的鼻梁瘦得可怜，薄薄的嘴唇紧闭着，带着几分早熟的忧郁。从她的外表看，她似乎只有十五六岁，但是，她制服上的学号，却表明她已经是个高三的学生了。"

这也是琼瑶笔下的少女标本。

江雁容"沉浸在一个她自己的世界里",总是想着"如果没有这沉重的功课压着我,我会喜爱这个世界"。这种忧愁的来源很简单,就是数学很差。因为数学很差,她开始觉得"做人是难的",觉得"这生命好像不属于我",觉得"全世界都不了解我"。而"窗外"的意象,源自一个热爱诗词歌赋的少女对于学校生活、应试教育,更确切说就是数学考试的强烈抵触。考试制度显然是琼瑶最深恶痛绝的,小说里考不上大学的少女不是爱上了老师就是爱上了姐夫……都是不归路。小说中写女孩之间微妙的沟通方式也很精妙、准确。江雁容爱上老师,有了心事,她就去闺蜜家里哭,说和弟弟打架,爸爸包庇弟弟,一哭哭了半个小时。闺蜜说,你这个事很小啊,然后也开始哭了,她说,被你这么一说我怎么觉得我能哭的事比你多。江雁容就很愕然,因为她来哭的其实不是这个事情啊,闺蜜怎么倒哭了。令人忍俊不禁。

江雁容觉得学校的生活冗长、乏味、枯燥,"她微笑地想:有窗子就有人,人生活在窗子里面,可是窗外的世界比窗子里美丽"。但琼瑶并没有写出一部《三重门》。《窗外》写作了一个正在建设中的、日益繁荣的台北市,春心萌动的台北年轻人,正在寻找属于自己的爱情梦,带着流动的梦幻气息,有用不完的热情与勇气:

> 这所中学矗立在台北市区的边缘上,三年前,这儿只能算是郊区,附近还是一片稻田。可是,现在,一栋栋的

高楼建筑起来了，商店、饭馆接二连三地开张。这条可直通台北市中心的街道现在是相当繁荣了。有五路不同的公共汽车在这里有停车站，每天早上把一些年轻的女孩子从台北各个角落里送到这学校里来，黄昏，又把她们从学校里送回到家里去。

我很喜欢小说中所无意经营的一些细节。譬如我这才知道二十世纪六十年代的乌来瀑布是很壮观的，如今我们旅行时候能看到的就只有一条细细的白绸。譬如原来二十世纪六十年代台湾就有很多零食可以吃了，咖喱面包、沙拉面包、牛肉干和果酱，但也有台湾朋友说他们小时候从来没见过这些食物。即使总是感觉到"人生悲怆，世态炎凉，前程又茫茫"，江雁容和她的闺蜜们还是一直在新生南路、信义路散步、看电影。她们想心事、谈恋爱的地方都很幽静。老师呢，居然可以喝着酒批改作文，还告诉学生，"可能是因为我在喝酒"，浪漫极了。

国文老师康南，战时在大陆有妻儿均早亡，内心伤痕累累，但跟江雁容说起话来，就没有什么硝烟味了，他居然觉得江雁容是"一个奇异的女孩子"，看到她"他感到造物的神奇"，还收藏江雁容在茶花花瓣上写的字，这就很夸张了，反而像一种江雁容的自我观看。倒是小说里形容康南时，总说他是一个多么人生无望的老头子，令人骇然。其实他不过四十岁，人生居然就被"老"这个字摧毁了。

新 腔

《窗外》写学校生活的部分，让如今的我们回想起来感同身受。大剌剌的女同学直接用黑裙子擦桌上的灰尘，因为反正是黑色的。每个学生都从家里带来便当盒，学校专门提供蒸笼加热，每个班级都有一个蒸笼，这也很新鲜。老师总是在开学第一天说："我希望成为你们的好朋友。"排座位时候，关系好的朋友会说："我一定要和你坐在一起，我保证上课不和你说话，好不好？"以及少女时候听到别人喜欢自己的第一反应居然是"好恶心喔"，即便内心还挺开心的。可这样害羞的女孩子，居然在面对爱情来临的时候，会那么奋不顾身要与全世界作对，这种强烈的个性、忍受打击的能量，都是如今的我们所不及的。

写家庭生活的部分，对父亲的恨意可以看到《烟雨蒙蒙》的影子，婚内暴力又很像《在水一方》，总之，《窗外》几乎就是琼瑶小说系列的总纲。她笔力最深厚之处是写母亲，也许因为太过熟悉，显出了不合情理的前卫与精彩。

> 她懊悔自己结婚太早，甚至懊悔结婚，她认为以她的努力，如果不结婚，一定大有成就……不靠丈夫，不靠儿女，要自力更生……结婚对女人是牺牲而不是幸福……爱是不可靠的，你以为你爸爸爱我？我不要你们孝顺我，我只要你们成功……你决不能输给别人，你看，徐太太整天打牌，从早到晚就守在麻将牌桌子上，可是她的女儿保送台大。我为你们这几个孩子放弃了一切，整天守着你们，帮助你们，家务

事也不敢叫你们做,就是希望你们不落人后,我真不能说不是个好母亲,你一定要给我争口气。

但看到女儿的爱人,江太太毫不客气,开门见山就说:"别那么客气,彼此年龄差不多。"这哪里像一个家庭妇女说的话。"厌母"也是琼瑶小说中的普遍情绪,女儿居然会"一直觉得奇怪,父亲为什么娶了母亲而不是娶了楚伯母"(《一帘幽梦》)。

关于婚姻,有两个细节写得很好,婚后的江雁容和闺蜜们聚会回家,天色已晚,别人都说,你老公会不会来接你啊?江雁容嘴上说不会,心里还是期待的,那条回家之路也就显得特别黑,她还特地等了一下,最终失望了。回家后看到老公穿着睡衣出来,心很凉。又,她总是等不到忙于应酬的丈夫回家吃饭,新学的广东菜不能吃凉的,但她就是不吃,硬要等,最终等来一场吵架。她对丈夫说:"如果你懂得月亮的好看,或者我们的生活会丰富些。"也是万般无奈。江雁容说:"婚姻对我实在没什么好处,首先把我从书房打进了厨房,然后就是无尽止的等待。"而后,内心澎湃的作者为压断这段婚姻最后一根稻草所设计的情节是婚内暴力,看到电影里秦汉打林青霞,实在让人唏嘘。但实际上,无论琼瑶小说营造的爱情氛围多么浪漫,暴力却是十分常见的,这也是我们讨论琼瑶的浪漫时经常忽略的。

以《一帘幽梦》为例,有些细节很少被谈及。紫菱度完蜜月回到台北,被楚濂的眷恋打动,和丈夫说想要离婚。然后费云帆说:"你欠了我一笔债,你最好还一下。"小说里是这么写的:"我还来不及思索他这两句话的意思,他已经扬起手来,像闪电一般,左右开弓地一连给了我十几下耳光,他的手又重又沉,打得我金星直冒……"奇异的是,被家暴之后,紫菱好像突然醒悟了,说:"天哪,一个女人,怎能在这样深挚的爱情下而毫不自觉?怎能如此疏忽掉一个男人的热情与爱心?"然后她去找楚廉,说了一通大道理,"人生,有很多悲剧是无法避免的,也有许多悲剧,是可以避免的……"之类,拒绝了另一个深爱她的男人。

紫菱不仅战胜了她的母亲(她绝不考大学,因为母亲希望她考大学),也战胜了完美的姐姐(姐夫深爱着她),这是琼瑶为我们读者建立的奇特的神话。琼瑶对男性的误解都很真诚。一方面,很少有男性会像她笔下的那些人那么啰唆;另一方面,她也写了不少动机不足的施暴男主。比方费云帆打了紫菱十几个耳光,紫菱就决定不爱楚廉了。比方依萍去找爸爸要生活费,爸爸用鞭子抽她的脸,他不给钱就行了嘛。比方《窗外》的婚内强奸,又比方《月朦胧鸟朦胧》里家暴女儿的鹏飞……可见误解归误解,在琼瑶那个时代,男孩子要忍耐好看女生的折磨,女孩子也在忍耐暴力帅哥。如果剥离了外在的滤镜,我们所能看到的,就是爱情梦幻中的掠夺与忍耐始终存在,不满与抵抗是激烈却不充分的。

《一帘幽梦》写于1973年。1973年的台北纵使如琼瑶笔下那么浪漫,充满派对,男女能自由谈情说爱,可以出国留学或者度蜜月,但女性依然在两性关系中遭遇暴力。这不是琼瑶小说中的孤例，这也许是琼瑶有意识建构所谓言情故事之外，无意识看到的、听到的现实真相。而且这种真相，就连财富的累计都无法克服。揍她的人，同时也是爱她的人，供养她的生活，这要怎么计算？且不说费云帆财力雄厚，即使是《烟雨蒙蒙》中形象很坏的父亲，也在小说后段不断地询问依萍"要钱吗？"（"你爸爸亲自来看过你一趟，送了好多钱来""爸爸看着我躺回去，从怀里掏出一大沓钞票"）琼瑶女士让我们知道，女人的感受一直以来多么不被重视，或者一会儿被重视一会儿又不被重视。所以她要用那么多"心声""呢喃""咆哮""怨念"及感叹号来抒发心声。女性还没有能力在社会上真正闯出自己的天地之前，尊严却绝不可少（"我要让他知道，许许多多事，不是钱能够达到目的的！"）。这也许和社会发展的过程有关，女性表达自己的诉求不总是得体的，但终于有通道让女性来阅读女性的感情、欲望，尤其是很平凡的女孩子知道自己也有被发现、被呵护的可能，有被热情、有勇气的男性追随的可能，这是琼瑶女士一生的贡献。

　　重男轻女的文化，让很多女孩从童年时起就是一个备受伤害的对象，所以，被疼爱就成了"浪漫"。在家族中，一到关键时刻，女孩就会被牺牲掉，所以，能被考虑到一点点感受就成了"浪漫"。很多女孩从小到大都是丑小鸭，没有优秀的亲姐姐，也有优秀的堂姐、表姐、学姐，自然就会有优秀的姐夫们在生活圈里若隐若现，真令人羡慕啊。而在小说里，妹妹可以获得神助打败姐姐，赢得父亲的青睐、姐夫的思念。在中国的神话里，几乎看不到男人救妻子的故事，只有儿子救母亲的故事，所以在小说里，才会有那么多成天不上班、永远有前途，还一直都在救援女孩子的英俊男子。他们令人魂不守舍，难以割舍。

很痛苦的时候，要如何放下一个深爱着的人呢？言情小说存在的功能，大概就是在为这种事找一本又一本书的理由当台阶下。这令人相信通俗文学还是有价值的，有疗愈的功能。《窗外》中，江雁容因为婚姻不顺，南下去看康南，这本来就很不合理。康南的朋友早就警告过她："你们两个是有情人，但不是有缘人。"任性的江雁容还是想凭一己之力使早已面目全非的师长恢复元气。一个远观的细节打败了她。她远远地看到潦倒的康南费力地从袋子里摸出一大堆乱七八糟的旧纸片，他只是想找一根烟，然而摸了半天，才摸出一盒洋火。他十分吃力地燃着火柴，又颤抖着去燃烟，好不容易，烟燃着了，手上的东西却散了一地……琼瑶巨细靡遗地描写这些不连贯动作的全程，直至康南突然咳嗽，集齐了"内心寒冷"所能调度的种种元素。江雁容失声痛哭，她没有冲上前去，而是决定最后一次放弃这段没有希望的感情。这与如今她处理家庭问题的态度，其实是一以贯之的。琼瑶写"突然间产生的嫌弃""突然间产生的犹豫""突然间决定的放弃"，都写得很好，很多人的确就是这么放弃了一个很爱的人，这很不可思议，但却可能是发自真心的。这令人想到去年琼瑶女士身陷争议，含泪发文坚持让丈夫安乐死，因为他已不能每天说"我爱你"。她说，没有灵魂的肉体，就不值得活下去。她一直都没有变。

2012年，新星出版社出过十本琼瑶自选集。现在市面上《窗外》《几度夕阳红》《烟雨蒙蒙》都看不到了，可能是因为林青霞和电视剧的影响力，依然能带动销量。其他几本，策划也很好，找了一些中年男作家写序，比方杨照、张国立、蔡诗萍、小野……杨照写道："琼瑶写的，是爱情神话，爱情如何克服了从现实上看，不可能被克服的种种障碍。"但八十年代的年轻人，你的现实和我的现实也差不了太远。"私"这件事，和财产是有关系的。大家都没钱的时候，指责别人为了钱、为了门第放弃爱情、牺牲婚姻是很轻松的。现在人们有钱了，"干预"反而是自发的，没有强大的外力鼓励年轻人要嫁给有钱的人，也没有强大的外力表扬女孩子嫁给穷人，都是自己的选择了。大家都能感受到那种残酷的、无形的力量。琼瑶式的那种血脉贲张的"全心全意"，偏执的"非你不可"，以及对于永恒的执迷，离现在的人的感情观都很遥远了。如今大陆经济起飞，年轻人开始切身遭逢贫富差距对于爱情的破坏力，这也是琼瑶小说在当代中国依然颇有流行潜质的原因，并不都出于怀旧。从本质上来说，琼瑶写的是她看到的台湾在经济起飞时期，年轻人遭遇的爱情重挫。这种重挫，也将降临到其他经济起飞的地区。琼瑶小说里歌颂的那些"不顾一切""冲破阻碍"，其实是和婚姻爱情的"社会意义"唱反调，这是有感染力的。因为现在的年轻人，无论事业还是感情，选择都变得比较理性。就连"爱的路上千万里"，都离我们很遥远了。我们最多跟着消费主义的导航走上一里路，就觉得好累好累。

新　腔

"你是我见过的女孩子里最勇敢的一个！我佩服你追求感情的意志力！"这样的女孩子，仔细想一想，我一时间居然也想不出几个认识的人来。琼瑶女士那种通俗、纯情、呛辣，谈个恋爱都要风霜雪雨搏激流，历经苦难痴心不改，挺好的。

王安忆《长恨歌》三读

"王琦瑶家又吃肉了"

不知不觉,就连《长恨歌》都是二十多年前的小说了,想起来真不可思议。

《长恨歌》发表于1995年,可能是1994年前后就已经完成了。1995年7月2日,在《文汇报》上有一篇文章,叫《形象与思想:关于近期长篇小说的对话》。谈起《长恨歌》的缘起,王安忆说:"许多年前,我在一张小报上看到一个故事,写一个当年的上海小姐被今天的一个年轻人杀了,年轻人为什么要杀她,我已经不记得了,读时那种惨淡的感觉却记忆犹新,我想我哪一天总会写它的。"小说里,女主角王琦瑶当选为上海小姐第三名,选举揭晓地选在新仙林舞厅，均有所依凭。上海图书馆的研究员祝淳翔近来提供资料，说上海图书馆有位记忆惊人的女士，她说记得在二十世纪八十年代上海文化出版社主办的《文化与生活》杂志上读到过类似的故事。然后一位馆员循此翻阅多年的过刊，找到1985年第5期上的纪实文学《"上海小姐"之死》。结合钱勤发《谁杀害了"美丽"牌香烟壳上的美女》（《档案春秋》2005年3期）及李动《神探》（文汇出版社2014年）等的叙述，我们可以很明显地看到王安忆在写作时，把原始材料中"警察杀美女"的冲突设置彻底去掉了，还原为"花钿委地"的美人之死。

前些日子，在王安忆的高雄授课讲稿里，我看到她又一次说起李安的电影《饮食男女》，她说很喜欢电影中的一个细节。这个细节她在1999年《日常生活的常识》里写到过："老厨子每天做了饭菜，送到那年轻女人与前夫生的孩子的学校，把孩子母亲做的饭菜换回来自己吃掉。有一个镜头，后来回想很是温煦：老头用筷子很不解地拨弄一下那女人做的铁硬的排骨，然后吃了下去。那女人也问过老头，她做的饭是他吃了吧，因为孩子从来也不会吃完她做的菜。这个细节很好，有一种上岁数的人，对年轻女人的爱。"而在两年前的演讲中，她说得更加具体："他用筷子拨了一下里面的菜，一看就是不怎么能引起食欲，可是一个男人能够把一个女人做得那么难吃的东西全部吃下去，除了爱情，还能有别的解释吗？"

这很有趣，关于食物和爱。而重读《长恨歌》，我很惊奇地发现，这本小说里充满了食物，不仅充满了食物，还充满了家务。充满食物是可以理解的，食物有强烈的隐喻意味，被小说、电影用得很多了，食物连接着人的欲望、本能，甚至有乡愁，还有故国遗风的遐想。食物也可以和家务连接在一起，那就是灶头里的天地，是烟火气的温煦，也是三餐生计的秩序与艰辛。但在一个应该很时髦的"上海故事"里，写那么多具体的家务做什么呢？这些眼花缭乱的家务简直打散了许多好看的情节。

《长恨歌》本来是一部可以写得荡气回肠的小说。因为它具备通俗小说所需要的众多元素，老上海、选美、电影明星、金屋藏娇、新社会、政治变迁、忘年恋、杀人案……1946年，十七岁的王琦瑶参加上海小姐选美，获得第三名。因缘际会认识了化名"李主任"的"名流"，半推半就成了年轻的情妇。后来，李主任坠机身亡，王琦瑶也魂不守舍地进入了新时代，后寄居平安里。佳人虽落魄，倒还结识了一些朋友。在葱烤鲫鱼、蛏子炒蛋、擂沙汤圆的热闹小天地中，王琦瑶与邻居的娘舅康明逊恋爱，未婚生下一女，两人还合计着想要嫁祸给混血儿萨沙，最后还是由王琦瑶少女时期的好友程先生陪伴，她得以过完了这段荒唐的日子。革命运动到来时，王琦瑶少女时期的两个重要依靠蒋丽莉、程先生，一个病逝，一个自杀，结束了他们三人之间的痛苦虐恋。女儿薇薇长大以后，随丈夫出国，再度孤单的王琦瑶在八十年代的繁华复苏中结识了一位年轻的"老克勒"，这段荒凉收场的忘年恋并不是对王琦瑶最致命的打击。她若隐若现的家财和传奇的身世，令她以极其不堪的面目死于女儿同学的男友手中，那是一个惯于诈骗的社会青年。王琦瑶被勒死的最后一秒，想起来自己少女时期曾经参观过的电影片场，一间三面墙的房间里，有一张大床，一个女人横陈床上，屋顶上也是一盏电灯，摇曳不停……她这才明白，这床上的女人就是她自己，死于他杀。

这一切都令人想到电影《罗曼蒂克消亡史》，事实上，不管是否有过借鉴，《长恨歌》不愿意去成为一个《罗曼蒂克消亡史》的意图很鲜明。它不去深究"李主任"的身份，也不去挖掘"萨沙"的身世，平安里许多遮遮掩掩来路不明的人，都带着一个时代的秘密，其乐融融地生活在一起，他们聚餐、聊天、做衣服、打桥牌，围绕着小酒精灯的温暖，特别像火柴光辉里的幻觉世界。那可能不是一个真实的人间，却因为食欲、情欲交缠，游龙戏凤般轻薄，打发日子的任务十分艰巨却也有条有理，正是这种条理令人信以为真。

《长恨歌》里翻来覆去提到"消磨时光"这件事，过去我没有在意，现在发现，似乎"消磨时光"本身扮演了非常重要的角色，作者准备了无数日常生活的细节来很本分地去消磨那一分一秒，冲热水瓶、酱豆腐、择豆苗、温黄酒、炒瓜子、炒白果、掰糖炒栗子、剥小核桃、磨糯米粉、做黑洋酥……小说反复提到，"时间真是多得吓人，早上睁开眼就在想着如何打发时间"；"窗帘起伏波动，你看见的是风，王琦瑶看见的是时间。地板和楼梯脚上的蛀洞，你看见的是白蚂蚁，王琦瑶看见的也是时间"。

为了打发这些时间，上海小姐王琦瑶不知道亲自下厨多少次，或筹措饭局。而在下厨的过程中，她也不是"淑媛"的作风。她要"事先买好一只鸡，片下鸡脯肉留着热炒，然后半只炖汤，半只白斩，再做一个盐水鸭，剥几个皮蛋，红烧烤麸，算四个冷盆"。起了热锅以后，王琦瑶还眼中含泪，觉得"今天终于热气腾腾，活过来似的。煤炉上炖着鸡汤，她另点了只火油炉炒菜，油锅哔剥响着，也是活过来的声音"。那时且不说物资是不是有那么丰富，菜钱又从哪里来？少女王琦瑶一直没有正式工作，成年以后只是帮人打针，李主任留下的金条只动过两次，还都不是在这个时期。令人疑惑的地方还不止这些，一个上海小姐的传奇，为什么写得像一个真人秀菜谱……中年以后，王琦瑶还是素净的，最爱吃泡饭加黄泥螺。小说写到几次王琦瑶吃黄泥螺，比较出她的惨淡。其实黄泥螺蛮好吃的，是内向、隐蔽的好吃，不是活色生香的正餐。而后来王琦瑶下厨，就变得特别懂经，好像什么菜都会做，这也很奇怪。金屋藏娇的时期，是由阿姨做饭的，她还要对阿姨发脾气，在邬桥外婆家，她落寞得很，也没学习到满汉全席的做法。可是到了新的时期，食物却粉墨登场，忽然变成一种纵乐的序幕，是开胃的象征。我忽然有点明白这个小说的兴味，那可能从头到尾都不是一个写实的故事，尽管它浪掷了大量的生活素材、经验素材去建构一个象征世界。譬如到了晚年，王琦瑶的确胃不太好。这都是很有趣的问题，而如今我知道，这应该不会是闲笔，多少是有些象征的深意。

新　腔

　　王琦瑶"活"过来以后，谈了人生第二段致命的恋爱，也重逢了这一生最爱她的男人。程先生最早是王琦瑶的摄影师，他最早发现王琦瑶的"美"，为她的"美"而兴奋、奔忙。因为王琦瑶和李主任的事，程先生黯然退出，他和王琦瑶重逢时，王琦瑶大着肚子，舍不得用金条，去当旧衣服换钱，他们在路上遇见，百感交集。"相纸上的影像由无到有，由浅至深，就好像王琦瑶在向他走来，他竟感到了心痛。"但这么凄伤又浪漫的重逢，少年时期两个有缘无分的人在街上碰面，最后却决定回家吃面，"程先生一头扎进厨房忙碌起来，传出了刀砧的声音。不一会儿，饭香也传出了，夹着腊肉的香气……饭还焖在火上，另一个火上炖着蛋羹"。作者在这里写："程先生与王琦瑶的再度相遇，是以吃为主。这吃不是那吃，这吃是饱腹的，不像以往同严师母几个的下午茶和夜宵，全是消磨时光……于是他们每天至少有一顿是在一起吃了。"这段温馨的日子，程先生交出粮票，下了班就到王琦瑶这里来，两人一起动手切菜、淘米、烧晚饭。小说甚至还写到程先生是如何到米店排队的计划……那段时期，街坊邻里虽然照样指指点点，却说："王琦瑶家又吃肉了。"这话说的，是鼻子连到胃，暗地羡慕的。肺腑之言，来自肺腑，是和消化系统有关的。写人世安宁，有那么多种华丽的写法，但《长恨歌》却是这样的，这真好玩。

　　"王琦瑶"是个象征，这并不稀奇，《长恨歌》开篇就说这个城市里背书包的是王琦瑶、买菜的是王琦瑶，上海弄堂的每个门洞里，都有王琦瑶在读书，在绣花，在同小姊妹窃窃私语，在和父母怄气掉泪。"王琦瑶"就是上海的小儿女情态，也是上海的日脚、辰光、变迁的点滴。是有性格的，平常心里的一点虚荣，安分守己中的一点风头主义。也饱受外人贬责，"这流言说到底是有一些痛的，尽管痛的不是地方，倒也是钻心钻肺的"。小说里写："王琦瑶家，如今又聚集起人了，并且，大都是年轻的朋友，漂亮、潇洒、聪敏、时髦，看起来就叫人高兴。要说常青树，她才是常青树，无日无月，岁岁年年。现在，又有那么些年轻洒脱的朋友，进出她家就好像进出自己家，真成了青春乐园。"把"王琦瑶"替换成八十年代的"上海"，完全行得通。事实上，"王琦瑶"又怎么能无日无月、岁岁年年？上海才是。"王琦瑶"怎么是青春乐园？上海才是。但这种象征是怎么实现的，长痛不息又情味绵延的，其实又是通过许多小象征构建的。"王琦瑶们倒都是情谊中人，追求时尚表面之下有着一些肝胆相照。小姊妹的情谊是真心对真心，虽然真心也是平淡的真心。"像上海我所见过的岁岁年年，与所有真心。

小时候读《长恨歌》，我最喜欢程先生，温暖男二、永远备胎。大学里又觉得，可能"李主任"和王琦瑶也跟"易先生"和王佳芝一样有过真情，体会不到权力的可怕。现在重读，我最喜欢的一段倒是王琦瑶在邬桥和酱园店送豆腐的阿二对诗。王安忆说，总是有人问她和王琦瑶有什么相似的地方，她说："我读书，她不读书，就是这样。她不是一个有美学理想的人，只是有着实际的生活追求。"但很奇怪的是，李主任出事之后，王琦瑶回邬桥失魂落魄，却和一个少年在看月亮谈诗，那个乡下少年显然是有点喜欢她的，但这种喜欢和喜欢"上海"是极其重合的。也就是在这一段对话里说到了"长恨歌"，点了小说的主题。阿二回忆自己对王琦瑶念过的诗，一句是"汉家秦地月，流影照明妃"，是李白写王昭君，旧日的月照今天的人。接下来一句是"千呼万唤始出来，犹抱琵琶半遮面"，再来是"玉容寂寞泪阑干，梨花一枝春带雨"，阿二想到杨贵妃玉殒香消，悲从中来。只有最后念过的"桃之夭夭，灼灼其华"是喜庆的图画，然而在那一系列惨淡的画面之后，桃花灿烂的景象却有了一股不祥的灾祸之气。这桃花灿烂，也有饮食的部分。

阿二大概也不是真的人，后来再也没有出现过，阿二像一双看上海的眼睛，是带着仰慕的感情的，却也早就看出了伤心。

奇境的联想

我重读王安忆的长篇小说《长恨歌》时，在第四章《爱丽丝公寓》稍稍做了些停留。

历来讨论《长恨歌》的文章，总是多多少少提到张爱玲，好像《长恨歌》是张爱玲小说的延续。这也是我一直以来的疑惑之处，比如为什么我们在讨论《长恨歌》的时候几乎不讨论白居易？小说开篇就出现了好几处白居易与其《长恨歌》的符码，"流言"一节直接就出现了唐明皇与杨贵妃,写流言"好像要改写历史似的,并且从小处着手……敢把皇帝拉下马"。李主任飞机失事以后,失魂落魄的王琦瑶在邬桥与阿二对诗,也是既有《长恨歌》也有《琵琶行》,值得注意的是引《长恨歌》的句子是在杨贵妃死后。而邬桥一段,鬼气森森,"外婆说的那邬桥,也是个老东西,外婆生前就在的,你说是个什么年纪了?""生前",我们当然可以理解为出生前,但是也可以当外婆已经是个故人了。

王安忆曾在多次演讲里提到《长生殿》,只是说杨贵妃是"饮食男女"的情态,很爱吃醋。这与张爱玲《我看苏青》中称赞"唐明皇的爱她,没有一点倦意",心意还是很不一样的。王琦瑶尽管口中都是新女性的口号,但内心"慕强",小说里提到一点,"出走的娜娜是她们的精神领袖,心里要的却是《西厢记》里的莺莺,折腾一阵子还是郎心似铁,终身有靠",恐怕多的是怀疑和嘲讽的意思。

另一个疑惑之处,则是王琦瑶进入爱丽丝公寓后的描写。走进去"洞开一个天地","假如能揭开爱丽丝的屋顶",是"女人过的景象,女人的天下"。爱丽丝公寓还有一个特点,"就是镜子多,迎门是镜子,关上门还是镜子。床前有一面,橱里边有一面,浴间里头是梳头的镜子,梳妆台上是化妆的镜子,粉盒里的小镜子是补妆用的,枕头边还有一面,是照墙上的影子玩的"。

中国小说里"镜子"是极其常见的道具,可以阐释的空间巨大,佛教的镜子,道教的镜子。镜子可以用来讽喻,可以用来赠别，可以用来当法器，也可以凝视自己、凝视岁月（白居易也写了非常多与镜子有关的诗）。但爱丽丝公寓里的镜子，恐怕还是与"爱丽丝"本身的关系大一些。王琦瑶第一次走进爱丽丝公寓的时候，"注意到那盏布景里的电灯，发出着真实的光芒，莲花状的灯罩，在三面墙上投下波纹的阴影。这就像是旧景重现，却想不起是何时何地的旧景……有点熟进心里去的意思……是往下掉的"。我就很疑惑，"掉"到哪里去？而《爱丽丝漫游奇境记》开篇就是爱丽丝从兔子洞里面钻进去，笔直向前，然后突然向下，掉进了一口深井。故事是怎么写的呢？"要么是井太深，要么是掉下去的速度太慢，反正她一边往下掉一边还来得及环顾左右，琢磨接下来会发生什么事情。先往下看看，想知道自己要掉到哪里去，可是太黑，什么也看不清……'得啦！'爱丽丝自言自语，'像这么往下掉一次，摔下楼梯真不算事！家里人会认为我好勇敢哟！可不是吗？以后就算从房顶上摔下来，我也提都不提啦！'往下掉，往下掉，往下掉，掉进无底洞了吗？'真不知已掉下去多深了？'"所谓"洞开一个天地"的爱丽丝公寓，是具有童话色彩的，洞的缘起大概是"兔子洞"。

我们可以在此体会一下"往下掉"与女人命运之间的关系，小说里程先生回老家以后，蒋丽莉去找他，当时他们已经是差不多要结婚的意思，蒋丽莉心里有说不出的空，"一颗心便无底地往下掉"。

除了《爱丽丝漫游奇境记》，其实还有一个续篇叫作《爱丽丝镜中奇遇记》，爱丽丝公寓里的镜子，我想还是从这个童话里面来的。这里面有一些充满童真的表达，很有意思，比方说，爱丽丝威胁小猫咪要是不乖就把它扔到镜子里去，然后镜子变成了薄雾，爱丽丝自己走了进去。它强调的是，镜子里的世界和现实世界一切都是反的、颠倒的，看的书上的字，也是反的，利用的是这样一个性质来讲故事。这是一个文本互涉。

王琦瑶与镜子的关系太密切了。有一次王琦瑶去烫头发，也是看到镜中的自己，当然看到的不是现在的自己，而是过去的自己，后来还有严师母把王琦瑶带到家里，在卧室的穿衣镜前给她看一块做大衣的绛红衣料。王琦瑶从镜子中看到床头柜上的烟斗，心中又浮现出在爱丽丝公寓当情妇的日子。诚然，女性的"妆镜"是常常被文学、电影利用的道具，镜子是女性借以自恋形貌与自审处境的媒介。妆镜也就是心境。王琦瑶们住进爱丽丝的境遇是什么呢？王安忆也写到了，"心意的墓穴"。

刘易斯·卡罗尔的这两个童话故事传播非常广，实际上也是含有嘲讽、批评和谴责的。十九世纪后半期的大英帝国维多利亚王朝，好像很繁荣，但是以比较正统的批评的观点来看呢，它的繁华又是可疑的、有侵略性的，与四十年代的上海"东方巴黎的璀璨是用暗托起来的"仿佛是同构的。英国有一个卡罗尔童话研究者就曾说："卡罗尔的《爱丽丝漫游奇境记》和《爱丽丝镜中奇遇记》两本书，都是叙述聪明伶俐的爱丽丝在荒诞的薮地游历的情形。但是这个荒诞的薮地不在他处，恰就是英国传奇式的维多

利亚王朝有教养的绅士太太们天天处于其间的灯红酒绿的世界"（王林《"爱丽丝"故事的中国之旅》）

《爱丽丝漫游奇境记》第一个中译本是1922年赵元任翻译的，叫《阿丽思漫游奇境记》，书名据说是胡适改定的。续作《爱丽丝镜中奇遇记》，第一个中译本也是赵元任翻译的，但清样在1932年日本轰炸上海时被毁，1968年在美国出版，周作人写过推荐。而1928年，沈从文也曾经花了30天时间，创作了长篇童话《阿丽思中国游记》，是现代中国儿童文学史上最早的长篇童话。我想，小说《长恨歌》与"爱丽丝"故事在中国的接受史肯定是有些微妙关系的。

自恋与危机

最近有两部话剧《长恨歌》正在上演，一部是上海话剧艺术中心版，一部是香港焦媛实验剧团版。小说《长恨歌》自1995年于《钟山》杂志连载以来，迄今已有二十三年。

《长恨歌》搬上舞台似乎并不容易，小说开场白用19世纪欧洲现实主义的单一赘叙（iterative）模式，表示王琦瑶代表了上海千千万万的女性，王琦瑶"看那墙上的光影，流连了一百年一千年的样子，总也不到头的……""这种黄昏，几遍一千年过去，也是不变"，舞场里"都是没有年纪的人，无古无今的"，这很难演，因为观众看到的，似乎始终是一个人。有一个改编细节很有意思，上话版也拿出来做文章，就是王琦瑶听京剧。

1948年全面内战，李主任来去匆匆，在爱丽丝公寓过上一夜还要做几个噩梦。王琦瑶半夜失眠起床，轻轻放了会儿梅兰芳的唱片，她突然觉得自己是虞姬，很有意思。那一年她二十岁，心里真正喜欢的是好莱坞电影，自认为是出走的新女性，心里要的却是"《西厢记》里的莺莺，折腾一阵子还是郎心似铁，终身有靠"。委身李主任"爱的供养"以后，王琦瑶开始硬着头皮培养和四十岁的李主任一样的爱好，就是听京剧。其实李主任死后，她没有听过京剧，这个爱好一点没有真正建立起来，到了话剧中，王琦瑶倒是懂一点的。

"四十"在《长恨歌》里是一个死亡符号，且不说漫天的"四十年"，并不平安的平安里王琦瑶住在"四十"的隔壁——三十九号，李主任出场也是四十岁。我在上课的时候放过这一段《霸王别姬》，还没有放到"我这里出帐外且散愁情"，已经听到了课堂里不耐的呼吸声。我想这种不耐，和少女王琦瑶内心深处对李主任的陌生和不耐是相似的。王琦瑶唯一的安慰是幻想自己是虞姬，对李主任的全部认知就是"批公文"。那时的王琦瑶只有"虞姬"的愁烦，却不会有虞姬的抑郁。"面羽则喜，背羽则悲"，面羽是强颜欢笑，背羽是无怨无悔。相较之下，王琦瑶显然是有点自恋了。

有一本书叫《自恋主义文化——心理危机时代的美国生活》，1979年出版的，作者是克里斯托弗·拉什，美国当代著名的历史学家和社会心理学家。书中探讨了现在社会里的自恋性格的影响，譬如害怕承诺和个人关系，包括宗教信仰；害怕老化，以及无休止地追求名利，随波逐流。他认为任何个人主义的主张都是在内心深处找不到个体意义的结果。这本书1988年的时候就出过中译本，在当时没有引起反响，因为当时的中国社会大概还不太了解这种恐惧。但我们现在来看，书中提及的问题却显得特别应景。"自恋"有很多种形态，折射的也是完全不同的心理危机。

这种"自恋"不是我们日常生活中所说的，给自己脸上贴金、热爱自拍、臭美这一面。王琦瑶属于哪种"自恋"呢？"生怕自己不属于伟大、富裕、有权势的这一部分。这些人下意识地着迷着并不断地渴望着一种理想化了的自我客体……他们总是想从外部得到能给他们支持和赞许的无限力量。"女性与都市一直都是海派言情小说的两大主题，这种"自恋"背后的心理期许，既属于上海小姐王琦瑶，也属于四十年代的上海。一种近似于月亮与太阳、殖民地与宗主国、赛博格与人类等等权力关系的维系。理想化的自己恰恰是找不到自己，王琦瑶梦想成为李主任的"知己""谋士"般的存在，只是一种幻觉。这也是所谓以一喻百、一花一世界的深意。

同样是1948年，王琦瑶心心念念自我投射的虞姬的扮演者、舞台上的梅兰芳在做什么呢？那一年，中国著名的导演费穆同时拍了两部电影，一部是《小城之春》，一部是中国第一部彩色京剧电影《生死恨》，主演就是中国最重要的京剧男旦梅兰芳。《生死恨》的故事说的是北宋末年金兵入侵，士人程鹏举和少女韩玉娘在一个家国乱世里所做的一种忠义的抉择。而王琦瑶呢？死守着一个靠山，这个靠山最后还没有靠住，王琦瑶自始至终都不知道李主任的真名，却误以为自己当过权力的知音。

新腔

王朔《过把瘾就死》
"我真希望自己知道怎么跟你一刀两断"

我很多年没有想起《过把瘾》了,直到有一次和朋友聊天,她正翻来覆去解释自己,突然说:"你知道吗,其实我就是杜梅。"这种艺术效果不亚于说"我就是林黛玉""我就是潘金莲",虚拟人物的名字涵盖了一个类别的性格与命运,是文学的幸运,也是我等平庸的小说写作者很难企及的"影响效应"。况且……那还真是些让人一言难尽的女孩子,除了她们的名字得以自我命名,难有更恰如其分的表达。

1994年的国产电视连续剧《过把瘾》,实际上是杂糅了王朔的两个短篇小说《过把瘾就死》和《永失我爱》。前者讲的是小护士杜梅嫁给了在文化馆工作的方言,两人之间激烈又烦恼的婚姻生活。后者讲的是工地小司机何雷正准备与女朋友石静结婚,突然得了一种叫作"肌无力"的罕见病,而后他想尽办法支开未婚妻,希望能孤独死去,但最后还是让爱人知道了,含泪见上了最后一面。电视剧把这病让方言得了,最后的结局都以男主人公的死亡告终,特别纯情,特别至死不渝。纵使前番已经闹得鸡飞狗跳,两人携手撕破的情天女娲都补不了,他们却自始至终不曾爱上过另外一个人。

这是王朔的浪漫,毛骨悚然般的黏糊,嘴上不承认,心里轴到什么程度呢?能让外人不禁觉得这俩人都爱成这样了还要分手,转头和谁在一起都是存心祸害别人。他们自己也憋着劲地祸害自己,祸害对方,特别诚挚。除了爱,他们几乎无所事事,也胸无大志。做着非常普通甚至仰赖运气的工作,他们讥讽"热爱生活"与"前途无量",在爱情里也没有伦理上的"父母"形象出面干预。总之,这种"烦恼人生""烦恼爱情",再烦恼也是恋人之间的,是小世界里的天翻地覆。不知为何,时隔二十多年反而让人挺羡慕。

杜梅是什么样的呢?小说《过把瘾就死》开篇就说:"杜梅就像一件兵器,一柄关羽关老爷手中的那种极为华丽锋利无比的大刀——这是她给我留下的难以磨灭的印象。"结婚多少年以后,丈夫会用这样糟糕的话来形容妻子?《过把瘾就死》告诉我们,时间不长,就领结婚证的当天。类似的细节王朔写过不止一次,譬如从民政局出来,女孩子劈头盖脸就问:"你后悔了吧,就知道你后悔了,现在后悔还来得及,你是不是觉得没意思了?"她的刀锋亮晶晶，华丽锋利无比。世间难解之谜——"杜梅突然不高兴了"，即刻起就成为日常操课，更可怕的是来日方长（女性武器化的设置，很可能起源于"貂蝉"，白先勇的小说《一把青》被改编成电视剧时，也曾戏谑说"女学生都是燃烧弹"）。

我对电视剧《过把瘾》印象模糊，只记得婚后方言和杜梅一直都在吵架，吵架的问题基本萦绕着"你爱不爱我""你心里是不是只有我"……有一集杜梅把方言绑在床上，拿着菜刀问他爱不爱她，突然间医院里来人叫她回去给病人打针，她就先走开了，留下了木乃伊一样被缚的丈夫。方言特别绝望，跳窗而逃，受了点伤，两人就离婚了。再读小说的时候就会觉得很有趣，看方言在开篇时的小自信和小雀跃，像目睹盐水一点一滴注入他的脑子里："她向我提出结婚申请时……当时我还很年轻，不想太卑鄙，于是答应了她。我蛮可以给她讲一番道理的：一个人在餐馆里夸赞一道菜可口并不是说他想留下来当厨师。"可这餐馆就是婚姻，方言还是决定留下来当厨师，每天都差点被这可口的菜噎死。于是他想起那日的夸赞，想起第一次来这餐馆，想起可口在哪儿，又为什么会被噎……前因后果，一片模糊，深深感觉自己中了邪。

在爱情的开场，"方言"们特别自信地站在智商高地，认为突然陷入情网是丢人的，所以死也不能承认。对于搞不定的女人心，则立即"为自己道德上的进化感到高兴"。直到被爱噎得快死了，才反思自己上了命运的当。李宗盛有首歌叫《鬼迷心窍》，广义上属于同一种自负，潜藏着一种"被害"的小震惊。我很喜欢这首歌,直到有一天想起来,到底谁是鬼呢?看大叔一年又一年在演唱会上哽咽着"致敬"林忆莲,我已经不止一次听见身边的陌生人在问,林忆莲是不是已经往生了?仿佛捕捉到了一种直男的话术。那些叫作"我真希望自己知道怎么跟你一刀两断"的爱情故事,说的其实都是"我爱你",尽管"方言"们永远不这么说话,譬如关于"结婚",他们宁愿吵架也要说:"从此就不算通奸了吧。"

如果说琼瑶阿姨为二十世纪八十年代的大陆提供了"爱的教育"启蒙,那《过把瘾》可说是国产爱情完成自觉的小高峰。王朔的小说特别喜欢用长句,他的句子里充满了溢出的信息,几乎是不太通顺的:"我的信心你及其同伙的医德还有咱们的新斯的明等等可以使我苟延残喘若干年或者更理想地活耗一辈子""温情脉脉的摩挲和叹息般的近乎自我遐想自我憧憬的祈使句式使人完全忽略了并不以为这是一个要挟",其实建构的是一种无主牢骚,也可以说是向命运发难,但这种发难并不坚决,也不嘹亮,甚至说不清楚到底针对什么,总之有点碎碎念。话是凶狠的,但声音很轻,近乎呢喃,弹幕一样,速度还很快。不像琼瑶小说里的痴男怨女,经常是近乎嘶吼地表达爱意,可惜嘶吼的内容都很简单、很轻盈,小题大做一样。

杜梅也不是完全没有优点。在往死里渴望爱的同时,她转头就会讨饶,会很认真地说:"以后咱们别闹了,好好过日子。下回我不跑了。"这又很可爱,让人心软,信以为真。方言有一点自恋又容易自暴自弃，辞职后说"我什么都不会"时，杜梅会说"我又不是嫁给洛克菲勒"；方言说"我什么也做不了"时，杜梅会说"你可以做我的丈夫"。她的爱的确提着刀，可她又是护士，她精心为你割开的口子，只有她缝得上。方言喜欢她这样，又恨她这样。"每次大闹以后都是加倍地温存和柔情似水，如同大灾之后必要开仓放粮。"但他实在喜欢"开仓放粮"，就只能"说过的肉麻话比历史上任何一个著名的佞臣一生说的都多"，年深日久，还沾沾自喜，"吃惊地发现，一旦需要，我胁肩谄笑的本领不比任何人差"。这种极端的矛盾，掺杂着爱的悲喜忧愤，居然使人感觉真切又酸楚，使人相信"这就是爱"，恒久忍耐又有恩赐，"这就是爱，说也说不清楚"。

《一半是火焰，一半是海水》《永失我爱》《过把瘾就死》写的其实是差不多的一种男人和差不多的一种女人，都有拧成一股绳往棉花里撞去的壮烈，边瞎扯淡边感人肺腑，边嘤嘤向着人生黑洞里绝望，边又抬头就看得到"成千上万、随处可遇的开朗的女孩子"，心里有点甜。从某种程度上来说，"方言"就是"何雷"，而"杜梅"就是"石静""吴迪""胡亦"……这些女孩子都清一色的热情、开朗、一根筋，还不怕死，她们就是王朔笔下的"赤名莉香"。作者也许真的不烦这种黏糊、倒贴，还特别喜欢这种热闹、自毁与壮烈。更有趣的是，那时的爱情好像没有非要通过一个故事成为一种观点，王朔写的爱情故事经常连半个道理也没讲清楚就结束了。他也不歌颂牺牲，他只为牺牲抽根烟，为逝去的爱得了肝炎还狂喝酒，小孩子一样。换句话说，他们都是"杜梅"。

王朔写的"我真希望自己知道怎么跟你一刀两断"的爱情故事系列，《一半是火焰，一半是海水》最煽情。浪子张明和大学生吴迪恋爱，两人好时还录了一盘疯疯癫癫的磁带，张明说"现在由著名的吴迪小姐为大家演唱，吴小姐是从埃塞俄比亚回国，她在非洲很受人民爱戴……"特别爱情，特别贫。但后来吴迪因为他自杀，"手腕上的口子翻得跟小孩嘴唇一样"，片警说，"她开着录音机，录音带上有人说话，这是障眼法，她考虑得还挺周全。"张明要回了这盘带子，愣愣地听，醉得像个傻子一样，完全忘记了"自认是个超脱的人……养成了见怪不怪、处变不惊的沉着性格，因而屡屡化险为夷，转危为安……同期下水的朋友们已先后纷纷落网，我却始终逍遥法外……"

情网恢恢。

新腔

海岩《一场风花雪月的事》
"姑娘要是不跟你撒谎,那准是不爱你了"

我还在上小学的时候,记得新华书店的开架式柜台会有一区普法书籍,专门讲公安破案的故事。我放学后去那里站着看完了不少,惊心动魄、酣畅淋漓,经常看得忘记时间,放都放不下。其中一些讲女囚的故事还都很香艳,对女性心理的直白剖析像一种神秘的指引。印象最深的,是海岩的小说《一场风花雪月的事》,我一直以为那就是比较早的国产悬疑和国产推理。查了一下才知道,海岩其实算在言情类。这可能和他笔下那些长得很好看但害人害己的女主角有关系。前几年,《一场风花雪月的事》被翻拍成电影,我看着海报上那些过于现代的演员面孔感到十分陌生。那已经不是二十年前徐静蕾扮演的吕月月,姜武扮演的薛宇,不是童年印象里的"风花雪月"了。虽然我还清晰地记得吕月月的风衣、连衣裙、被迫交公的Ferragamo包……记得她母亲说过，"姑娘要是不跟你撒谎，那准是不爱你了"。

没想到重看小说的时候很惊喜。因为海岩的写法实在杂糅了许多通俗小说的元素。譬如整个故事由谈话构成，分成二十六次，像改造过的章回体，有几次谈话最后甚至还会出现"下回分解"之类的标志性提示。又如，小说中出现了大量难以复现的"年代感"，和我们如今刻意的"复古"不同，"年代"这件事在海岩的"都市奇情"故事中起到了重要的叙事作用，扮演直接推动情节的"冲突"，而不只是一个布景。黑白两道、男女情爱，甚至国家与个人、金钱与气节……都在小说中有浓墨重彩的表现。此外，和许多通俗小说一样，海岩会在故事中见缝插针说一些机关生存法则与做人的道理等等。尽管不一定是对的，但在当时应该挺好用。

《一场风花雪月的事》说的是二十世纪九十年代初，为了追回一把价值连城的古董小提琴，刚大学毕业的女刑警吕月月奉命保护已来到内地的香港黑社会头目潘大伟的弟弟潘小伟，他是追回这把小提琴的唯一线索。香港天龙帮寻踪而至，潘小伟几次险些丧命，与吕月月一同工作的老纪牺牲。在频繁的接触中，潘小伟对吕月月渐生爱慕之情，这使得吕月月原来的恋人薛宇痛苦不已，一方面，他作为便衣眼睁睁看着自己所爱的人与嫌犯日益生情；另一方面，他还十分体贴地照顾着女友的家人，一再试图劝说吕月月回到自己的身份中尽忠职守。在吕月月的恳求下，潘小伟答应交回这把小提琴，但要吕月月跟他逃往香港。吕月月沉醉于潘小伟的爱，踏上逃亡之途。但在离开的最后一日，她再度纠结，终于拨通了刑警队的电话，潘小伟在为她买花的路上被捕，后因为接受不了哥哥被杀与吕月月的背叛饮弹自尽。回到警局，吕月月没有被嘉奖也没有被追究，她失去了所有同事的信任，无法在原单位继续工作，辞职后发现怀上了嫌犯的孩子。生下这个孩子后，她去了夜总会工作。故事的开始，就是一个听说了这个故事的男作家去夜总会采访她，也就有了这二十六次谈话。

二十世纪九十年代，女警察爱上黑帮少爷，这听来就十分刺激，特别地摊情趣。这位黑帮少爷并不介入家族事务，他受过很好的教育，不仅读的是最近又红火起来的计算机专业，还懂艺术，喜欢顾城。他一掷千金，在警员每次要几个人凑一下才能凑出一百块钱来的状况下，花了六千块钱，给吕月月买了个包，花两千块钱，随便吃了个饭……这又很言情、很网文，放到如今，仍然是个会吸引女读者的言情小说人物。

但吕月月是个什么样的人呢？小伟和月月最初有了感情，第一次表白是在KTV。小伟唱了两首歌《你知道我在等你吗》《难道你现在还不知道》，就算他没有黑道家少爷、香港人的背景，就是年轻人动了感情，表达大家都能理解的示爱方式。吕月月当然知道他什么意思，整个人都升温，又紧张又感动，旁边还有老警察在，她也不能说什么。然后她唱了一首歌——《血染的风采》，因为在中学里她唱这首歌吸引过很多男同学。潘小伟一听就惊住了。

这非常"海岩",非常通俗,很冲突。这种冲突与其说是意识形态、经济生活的,不如说是一种写作意图。像杜拉斯的《情人》里的男女主人公,身上也背负着复杂的限制,这种限制本身就是故事的起源,一个有钱的黄种人,一个贫穷的白人,在一个殖民地的环境发生的感情。所有的发生都因界限的神秘而显得迷人,甚至也会很萌。如潘小伟问北京有没有迪士尼乐园之类的去处,吕月月想了半天建议去石景山游乐园。他们对彼此的生活都是极其好奇的,那段游山玩水的日子也成了他们最开心的时光。

日常生活显然要残酷得多。逃亡后,吕月月始终处于不安和自责中,每天给欣喜若狂、幸福爆棚的潘小伟泼冷水,劝他去自首,给他普法,好好的亡命鸳鸯,不知为何转眼吕月月又开始想成为自尊自爱的女战士。潘小伟不悦,她又变成了"杜梅",不停地问"你是真的爱我吗?""你还爱我吗?"潘大伟提醒她对未来的生活做好准备,不要有太多幻想,潘小伟是富家公子女朋友不少,都在情理之中。但她受不了,偷偷溜出去报警,晚上回来你侬我侬,和潘小伟突然又和好了,隔天几乎忘记了自己报过警。潘家的逃亡彻底断送在她手里,潘小伟还在给她买玫瑰花,她穿着新衣服猛地见到了队里唯一真的担心她被绑架的薛宇,面面相觑,一脸愕然。最终她目睹潘小伟一句话也没留,绝望地看着她开枪自尽,自己昏了过去。而这一切,薛宇和其他同事也看在眼里。

海岩笔下的女主人公，恐怕是同时代通俗小说中内心生活最复杂的女人，无论是吕月月，还是《玉观音》中的安心，又或是《永不瞑目》中的欧庆春，都很难用"好"与"不好"来形容，她们的男同事们，只要是不愿意为她们去死的，对她们评价都是"说不清楚"，这真是一个很有趣的评价，不是"坏""恶"，而是"说不清楚"。她们都是同一种"女警察"，对于"正义"这一方总显得不够坚定，甚至充满了疑云，对于"邪恶"这一方又显得过于"一身正气"，总之两边不靠，过得还很坎坷，甚至没有一个安宁的结局。

海岩通过"女警察"这类人设讲了那么多故事，其实说的都是一种"越界"。通俗地说，她们爱上了"另一个世界"的人，这两个世界的秩序是不同的，文化也是不同的，她们和她们所深爱的人相遇，是命运的"意外"。这种越界的代价是背叛，是令她们成为孤峰拦万流的悲剧，带着挥之不去的孤独和莫衷一是的非议。多灾多难还令十分年轻的她们身上充满了一种奇异的"母性"光辉。这也许真的是海岩对女人的看法，可能也不是针对女警察独特的处境，而是针对女性的特殊性情。这种女性特质是海岩敬而远之的。

《一场风花雪月的事》中采访女主人公的记者，名字就是"海岩"，记者"海岩"采访女主人公时说，"月月，我插一句，我认为在人类认识的历史上，凡是幸福、和平、丰收、慈爱的主题，都是以女性为表现象征的……"但吕月月显然不是这样的女性。

她忠于自己，有时会忘记和平、丰收，只想着眼前的幸福和对自己孩子的慈爱。她可能不是个好警察，但是不是个好女人？她的缺点是不是应该受到这样多的惩罚？这也很难说吧。

曾经有人提到海岩的"厌女"，认为海岩写的女主人公爱岗爱家爱孩子，就是不爱男人，其实也不尽然。她们对男人的爱也是真的，只是都很闪烁，缺乏持之以恒的耐力，也没有坚不可摧的意志力。海岩在此做了一个借调，认为女性这种对感情问题的闪烁象征了她们对事业和使命的闪烁，她们不知道在想什么，说好的事都会更改，她们是不可靠的。显然海岩对女性这种写在基因里的"多变"是畏惧的。他可能认为女性的这种特质对不起男性对她们的信任。而后这种"对不起"又被放大到事业上，成为一种偏见。

整个警局看吕月月的表情就是二十年前扮演"李向华"的丁志诚歪着头紧皱眉毛瞪着眼睛说"气节你懂吗"的嫌弃脸。他衣领扣子都没扣好，吊儿郎当，对于长得好看的女警始终保持着一种侦查员的警戒，但再怀疑他也只认为"用人不当"。其他战友如老纪，始终不忍心指出吕月月的问题，只是旁敲侧击说"我们的规定不能找外国人及港澳同胞，你就找个国内的大款吧，现在国内的百万富翁也多得绊脚了"。而伤痕累累的薛宇，几次看着吕月月怔怔地眼睛红了，对目睹的"移情别恋"一声不吭。结案后他去队长处痛哭，也不过给了自己一个很简单的解释："以前别人对我说，你绝对是一个受不了寂寞的女孩，跟你这样人见人爱的女孩好,要倒霉的,我一直不信。"最终队长语重心长地对吕月月说:"你觉得有利可图所以你跟他去了,不惜抛弃你的母亲和你的组织,抛弃关心你帮助你的所有人。后来你觉得无利了,或者他得罪了你,或者你想家了,你又出卖了他。"所以,潘小伟唱的"莫名我就喜欢你,没有理由,没有原因"是有很高昂的代价的,海岩一针将爱情又勾回了家国、组织,也就勾断了吕月月左右为难。

海岩借吕月月批评自己的话说:"麻袋片上绣花,底子不好。"但他说的"底子"是什么呢?是吕月月祖父辈是土匪,在刁林种鸦片,还是吕月月小时候被校长性侵、父亲去学校讨说法时误杀了伤害自己女儿的人而入罪?还是只是吕月月长得很漂亮?我很喜欢的一个小说情节是,吕月月的父亲在刑期快满的时候死了,死于工伤。据说是盖房子时砸死的,后来监狱领导送来他的遗物和一个奖状,上面写着"改造标兵吕小安"。他一生没有任何荣誉,一个土匪的后代,一个农民,精神上和生活上都极困苦,连这个以死换来的标兵称号,吕月月和母亲都拿不准挂在墙上究竟是光荣还是耻辱。这令海岩的小说在一片大大小小"无解"的追索中显得有力量。"说不清楚"的不再是吕月月这个人,而可能是某个时期,某种命运。

和"海岩"谈话时,吕月月随手就找出两个爱过她的男人的照片。"海岩"问:"你是不是说,你现在离不开照片上的这两个男人?"吕月月说:"应该说,我是离不开这两个男人的照片。"

我也不是很懂，但看完小说我的确反省了很久女性身上那种矛盾和多变的部分，原来是那么令人厌恶的。感谢时代，动力火车《那就这样吧》唱的其实是差不多的事，让一切变得轻盈了，而不是像吕月月一样带着孩子惨死旺角街头。

海岩《一场风花雪月的事》 "姑娘要是不跟你撒谎，那准是不爱你了"

新 腔

张爱玲《半生缘》
"也是因为我实在叫你灰心"

在我还十分喜欢看言情小说的时期，我很不喜欢《半生缘》，因为它太凄惨了。为了生计而去当舞女的姐姐，强逼妹妹嫁给自己的丈夫，葬送了妹妹原本的好姻缘。命运里一个突兀的急转弯，令两个有缘无分的人"再也回不去了"。许鞍华改编的电影里，还给曼桢加上了更具体的"悲哀"，让她在电影院里看卓别林的表演泪流满面，像张爱玲自己说的"苍凉"之味，"葱绿配桃红"。

这几年，《半生缘》反而变成了我的枕边书。张爱玲写世钧南京家庭里那些乱七八糟的家事，其实是这部小说中写得最从容、最好看的部分。其次是叔惠和翠芝之间的感情，因为没有什么戏剧化的蛮力作祟，反而显得更真实。再者，就是世钧与翠芝无聊的婚姻生活,"世钧说:'要说我们这种生活,实在是无聊,不过总结一下,又仿佛还值得。别的不说,光看着两个孩子,人生不就是这么回事吗?'"人生好像的确就是这么回事,婚姻生活到头来需要调度大量意志力,来克服无穷尽的枯燥与重复。孩子平安快乐成长,越来越成为重要的"又仿佛还值得"。世钧对矫正感情生活这件事的放弃,可能因为就连矫正,都需要耗费意志力。

又如曼桢和祝鸿才的日常生活,在日复一日的度过里,曼桢带着孩子看病,又见到祝鸿才和别人天伦之乐时的面貌,心里居然感到意外和安慰,她身处于一种漫长的自我报废中,既是对姐姐自我报废的延续,实际也与一种心如死灰般的"平静"磨合出了依恋。这些点点滴滴生活的复杂滋味,其实都比世钧与曼桢之间抽象的恋爱要扎实多了。因为它更像生活的本来面目,充满反差、嘲讽与同情。生活本来的面目一定不是美的,山水与深渊并峙,晴雨与雷电交叠,在无尽的秘密中更充满了对人性幽微的况味。更残忍的是硬要与时间抵抗,青春永远以卵击石。

留在印象里的,读者自然会觉得,经历过被家人算计的曼桢最最世故,相较之下世钧却是木然的。其实不尽然。《半生缘》的开篇就是写世钧第一次没有回南京过阴历年,借住在叔惠家里,吃过饭以后,世钧心里很闷,还请叔惠去看电影。看一场不过瘾,连看了两场。世钧也很意外,除夕夜居然也有午夜电影。合家团圆夜,能邀到好朋友去看电影打发时间,可见两人最为莫逆了。然而电影再好看,散场时鞭炮响亮,热闹中难免带一点凄凉。张爱玲写:"过去他对于过年这件事并没有多少好感,因为每到过年的时候,家里例必会有一些不痛快的事情。"

世钧所在的大家庭,比曼桢家仅仅因清贫而起祸端要复杂得多。世钧父亲在他童年时就有了二房太太,从他的冷眼看母亲、看父亲,都是熟稔的刺心与反常的淡漠。平日里是无所谓,他从没为柴米发过愁。逢到过年时,摆不平的局面就浮上台面来,想想都烦人。上海工厂的日子,办公室恋爱,无疑灵魂出窍一番。母亲嘴里"一家人总得像个人家",就是指向他和曼桢爱情的枪。父亲老了,哥哥又死了,母亲好不容易借机把病重的父亲从小公馆接回家,激动的母亲兴致勃勃指挥着打扫晨除,把家里的布置都换成新的。收在箱子里的字画,都拿出来重新悬挂,又铺地毯,又做窗帘。世钧从小看到的母亲都是阴郁哀愁的,"世钧从来没有看母亲这样高兴过。她无论怎样痛哭流涕,他看惯了,已经可以无动于衷了,倒反而是她现在这种快乐到极点的神气,他看着觉得很凄惨"。

但这些事,世钧从来不对曼桢说,好像没有必要说,也如一团乱麻,不知道从何说起。曼桢家里的事,倒是三言两语就能说完了。世故的张爱玲,草蛇灰线还安排了不少这样的落差,多少是涉及钱的。而在钱与爱情故事这一古老又腐朽的窠臼中,叔惠和翠芝的爱情居然还有一点动人,真是很不容易。

南京划船以后,翠芝给叔惠写信,叔惠不回。翠芝与一鹏订婚,叔惠亲眼看到她置办嫁妆,不响。爬山两人落单,回来后翠芝立即悔婚，叔惠不回。翠芝嫁给世钧，喜宴上叔惠像在演"只有你知道我多喝了几杯酒"，还是不回。他跑去美国，十年后回来，在世钧和曼桢拥抱着感叹"我们回不去了"时，他与翠芝也因缘际会酒酣耳热。

> 翠芝对叔惠说："有钱是缺点吗？"叔惠终于说："我是说，我是给你害的，仿佛这辈子只好吃这碗饭了。"
> 翠芝忽然微笑道："我想你不久就会再结婚的。"
> 叔惠笑道："哦？"
> 翠芝笑道："你将来的太太一定年轻、漂亮——"
> 叔惠听她语气未尽，便替她续下去道："有钱。"

《半生缘》的故事中，从家境来讲，翠芝肯定最好，他们家本来还看不上世钧，觉得世钧爸爸是暴发户。接下来是叔惠，小康之家，但因为他喜欢翠芝，两人还是有不小差距，叔惠心理上始终克服不了这一点，他就这么一生都在挫败里伶俐，洒脱里自卑，后来只喜欢找有钱的女孩子。叔惠和翠芝的感情失败了，两人生活上其实也没太大落差，继续过原来的日子，把一个秘密灌溉得普普通通，又不至于萎谢，并不需要太多努力，只是心里永远不爽快了。翠芝看似平庸无趣，内心生活也经历了悔婚、失恋、寡淡枯燥的婚姻、永远放不下的人，但表面上看，她的日子总也坏不到哪儿去。张爱玲还讽刺她，能在苹果里吃出虫来，是生活里遇到的最大的事。

后来有朋友提醒我说，民国大学毕业生似乎并不好找工作。这在沪剧《碧落黄泉》里也有体现。《申报》曾有一篇小文章叫《失学兼失业》，写"暑期到了，大批的毕业生挟着文凭，在烈日炎威之下，趾高气扬地从学校里出来，升学者升学，谋事者谋事……家境富裕的子弟们……坐着大吃其家乡白米饭……既无门路，又无势力，更无所谓交际，只为环境所迫，不得不东奔西跑，托人找事，送礼啊说情啊，以谋一枝之栖"。似乎和我们现在差不多光景。《半生缘》的闲笔就更幽暗了，曼桢和曼璐还有个弟弟，两个姐姐卖身供他读书，他大学毕业后居然还是没找到工作，只做了个小学教员，还买不起房子，住在丈母娘家里。

总之暴发户之子世钧在上海的那段日子是逃避，并不是正常日子，他在这段"灵魂出窍"的小日子里，爱上了曼桢。两个人最刻骨铭心的那段日子，也不过走走路、吃吃饭。他还没有来得及把这种"不正常"巨细靡遗介绍清楚，曼桢就被自己的命运吞噬了。世钧大概永远也不会明白，曼桢好好的为什么突然就到地狱般的生活里去了。世钧"灵魂出窍"代价很小的，曼桢就很大。他们一起做做梦，走走路，就以为是一生一世。最开心的日子，世钧也不过是"在寒夜的街沿上踯躅着，听听音乐"。太平静了，反而让人难过。让人想起来，过普通日子也很不容易，也需要意志力。我们喜欢他们，为他们感到遗憾，也许是喜欢那种初恋里的善意，闪闪烁烁，往后就不再容易有了。小说里有些话，我从前很喜欢，现在觉得刻薄。有些话现在却很喜欢，譬如说，"……也是因为我实在叫你灰心"。

以梦为鹿，亡与桎梏。有的人天生桎梏就很多，曼桢自己也不知道，风吹一下就把自己拘了。但爱过的人还是忍不住要说，一切会变成这样"也是因为我实在叫你灰心"。

《繁花》二读

流动的斯文

去年利用闲暇时间看了两轮评弹《繁花》的演出。一个是大世界版,一个是大剧院版。今年年初又看了美琪大戏院的话剧版《繁花》,很有意思。小说《繁花》的成功,几乎使之成为近年来少见的各种戏剧形式参与搬演的范例,我们不知不觉身处不同的改编现场,感受到不同艺术形式碰撞的火花。另一方面,戏剧空间也成为改编效果的一种变量。

上海大世界始建于1917年,后来数次扩建。2016年重新开幕前,已经关闭八年。从前的大世界,演杂技、演魔术、演歌舞戏曲、演电影,是娱乐综合体,游客可以走马观花地在游乐场玩上一整天。这间小剧场看看，那间小剧场走走，然后吃个西餐，坐坐环游飞船。有本书写到大世界往日，题目很有意思，叫《流动的斯文》。既然是流动，就不太适合长时间坐下来听长篇新故事。《繁花》故事，人物众多、场景众多，改编只能就着关键人物、关键地景抽离加以描绘。所以六十年代的故事被抽去了，留下了八九十年代的风俗故事。著名桥段如陶陶遭遇火灾、常熟吃蟹，栩栩如生，令人印象深刻。高博文开篇说的"独上阁楼，最好是夜里"，用的是上海话，不是苏州话。但这也不妨碍改编唱段清丽怡人，成为小说场景切换的过门，或人物内心波澜的铺陈。到了大剧院版，王汝刚、曹可凡等嘉宾客串，拉近了舞台与观众的距离。

小说《繁花》最容易放在《金瓶梅》的"世情"脉络中加以观看。言语照明的日常琐事中，惹笑的人和事映照了经济与政治的余晖。小说里有两条时间线，一个是六十年代，一个是八九十年代。刚好一个是政治冲突环境，一个是彻底的商业环境，对人物情欲情感问题的冲击。有一些映照设计得巧妙，（其实是因为父辈的历史问题）一直不结婚的阿宝、（也是因为父辈的历史问题诱因）一直不离婚的沪生。小毛像风月宝鉴一样的死（被女人引诱、死时又围绕着一群女人）、他的假结婚老婆汪小姐不计一切后果想生孩子、出家的李李、心机颇重莫名其妙坠楼死掉的陶陶情人小琴、跟继父鬼混最后一无所有的梅瑞……都带有色与戒的映照。《繁花》风俗描绘极致，名物与世情的勾连也十分绚烂。钥匙啊、锁啊、蟹啊，读者明知道是女性与物的映照，也不会引出不适，会觉得生动。物、礼物、物所辐射的人际关系勾连起一代人青春往事的隐痛。譬如沪生不肯收姝华朝鲜族老公的礼物的时候，情感与物的冲突设计得很考究。

《繁花》里写了一些凡人，政治对他们情感结构的形塑，商业环境对他们欲望与利益的玩弄。好像孙述宇说的"苦是不是都由作孽而来，我们不晓得，但总之阳世阴间的哀哭声是听不完的"。可以说《繁花》提示了很多人间凡人之苦，很荒诞的，又很真实。这点陶陶在派出所里面交代小琴坠楼前因后果时表现得最为明显了，和姘头同居，老婆闹了那么久终于签字离婚，心里开心两人打打闹闹，结果情人掉下楼死掉了。被警察盘问的时候，说为什么要打打闹闹，陶陶说，因为太开心了。小毛最后的落场也很宗教性地平和，明明是无边苦，反而表现得挺幸福的。这种细节不胜枚举，世情的表里不一透出"不是滋味"的种种"不响"，"不响"是无话可说，也是放不上台面说，更是不说也就不说了。

改编评弹、舞台剧的导演、编剧都是年轻人。年轻人来理解上一辈人心中的文学上海，有两个很有趣的音乐定锚值得关注。舞台剧落幕在流行歌曲《新鸳鸯蝴蝶梦》，大剧院版评弹就很杂了，穿插了不少流行音乐的符号，譬如《心雨》《甜蜜蜜》《小城故事》《糊涂的爱》。小说里提示的《万叶千声》会不会更贴切一些？歌里唱的"梦又不成灯又尽"，"梦"是凡人的生命力，是凡人对世界和人生的无限兴趣。而"流动的斯文"，可能是后辈们对前一个时代尽力的理解与善意的误解,好像我们过年时经历的送往迎来一样。

一个有趣的改编范例
——从沪剧《碧落黄泉》到舞台剧《繁花》

如果我们认同"改编"也是一种阅读与理解的方式,那么舞台剧《繁花》以自己的诠释提炼并放大了原著中所隐含的象征结构,并为这种结构创生了奇异的互文关系。王盘声的《碧落黄泉》就是个很有趣的例子。

《繁花》小说中,"碧落黄泉"出现两处。一是姝华说到"抄家";二是大妹妹向银凤借唱机,因为银凤的丈夫是海员,家里有捡来的日本旧货,大妹妹要听《碧落黄泉》。小说里写:"七十年代上海普通弄堂女子,听到王盘声,绝对痴迷。三个女人围拢台子,78转粗纹唱片,先一段'志超读信',声音轻,亮,荡气回肠,王盘声唱,志超志超/我来恭喜侬/玉茹的印象/侬阿忘忘忘记/我跟侬一道求学么/书来读/长守一只课堂里/感谢侬常来暧暧暧暧/指教我/志超侬对我最知己/志超啊啊啊啊/我唯一希望……"说明《碧落黄泉》在"上海普通弄堂女子"心中的魅力。小说中"王盘声"出现的次数更多,提到"唱片里的王盘声,一贴老膏药,一杯酸梅汤,让女人腹中一热,心头一凉",但是同时代同阶层的年轻男性就不一定领情,"小毛说,王盘声,唱得像

新　腔

死人一样。嗯嗯嗯，一副死腔。大家不响"。

到了舞台剧中，上述细节都被纳入改编，还添了一笔，银凤丈夫海德听说银凤与小毛的婚外情之后，早就开始着手处理。小毛刚巧来找银凤。小说里形容，"海德对小毛，照样是笑眯眯"。舞台上则添上"不会真的是来听王盘声吧"。这就有一点讽刺，小毛明明不喜欢听这样谈情说爱的唱片。

《碧落黄泉》是个老戏，故事说的是三十年代大学生的爱情悲剧。用现在的眼光看，其实是个非常简单的故事。汪志超和李玉茹，大学毕业后找不到工作待业在家，又因为异地恋通讯不便，家中各有状况。最后志超在父亲的威逼下娶了条件更好的女同学为妻。玉茹听说了这个消息之后郁郁而病，志超到医院探望，玉茹已奄奄一息。108句的"志超读信"是《碧落黄泉》全剧高潮，王派唱腔舒展流畅，悲怆动人，后与《黄浦怒潮》中的《写遗书》成为王派代表作。

完整出现在《繁花》中的"志超读信"，悠悠扬扬又带着苦涩的启迪，成为颇具冲突意味的风俗象征。编剧将之提炼并放大，似乎是意识到了"读信"这个姿仪所创建的互文。"碧落黄泉"两处意象虽然在三十万字的小说中宛如沧海一粟，但在舞台剧的搬演中却成为重要的象征性结构，有了抒情的美学意义。

从捡来的异国唱机（物质）到播放出禁忌的音律，禁忌的故事其实又是个悲惨的爱情故事。小毛与银凤的孽缘到底算是情欲还是情义，小说里其实是很模糊的，从他们偷听唱片的时候似乎就注定了危险的终结,"有情"因纷争而隐,实际上是人欲与人欲的互噬。

"读信"的隐喻又被裁剪到了沪生与姝华的恋爱悲剧中,可见编剧的巧思。沪生是在邮局的火车上,看到别人偷拆信件时想到姝华的最后一封信,这和小说的结构就不一样了。《碧落黄泉》里玉茹的信是给爱人结婚道喜,《繁花》中姝华的信是跟初恋情人道别。姝华说:"我们相隔千里,见解并不相同。我觉得,我们不需要再联系了。我现在明白,人是独立的,独立出生,独立去死。人和人,是无法相通的。人生,是一次荒凉的旅行。"读信是读心声,信的文体模式是"一对一",和恋爱形态同构。它是私人性的,但在舞台上却成为大家听得到的,众目睽睽之下的偷窥。

值得注意的是,舞台剧《繁花》是用上海话演的,评弹《繁花》开场说的也是上海话,这也为"碧落黄泉"进入舞台剧《繁花》,成为一种风俗象征的美学姿态提供了便利。"小说文本"实际上可以通过某种带有偏见的诠释,探索出更为多样化的再创作。戏剧舞台则更加放大了"选择什么成为冲突地带"的敏锐度和审美定锚。《繁花》也许是一个有趣的改编范例。

新 腔

白先勇《金大班的最后一夜》
"多走了二十年远路"

梅艳芳有一段很著名的讲话,发生在她病重后的告别演唱会上,劝女孩子尽早把握机会嫁人。她问:"我穿婚纱好看吗?但是,错过了时间了。我也曾经有数次穿婚纱的机会,但是自己错过了。"又说,"人生便是这样,你以为拥有的东西,偏偏没有拥有……我想提醒你们,如果你们在拍拖,不要考虑太久。"情景中人,每个字听来都很凄楚。

我身边有许多女孩子是不太喜欢《女人花》这样老派又自怜的流行歌曲的,感觉和《叹十声》"暗地里抹泪痕"是差不多脉络里的女性感慨。其实,面对人生际遇和岁月变迁,普通人都难免会茫然。女人茫然,男人也会茫然;生病的人茫然,健康的人也茫然。面对不好的婚姻,面对连不好的婚姻都没有,各有各的尴尬，谁也逃脱不了"多走了二十年远路"却不知道在做些什么的低叹。

最近重看白先勇的《台北人》，有一些新的感悟。曾改编过《孽子》《孤恋花》《一把青》电视剧与话剧的曹瑞原导演很有意思，我都写过短短的文章。尤其是小说里没有的东西，他所添加的新人物、新桥段很有心。譬如，他抓到了白先勇小说中某种"茫然"的境地，人在自己的情感天地中进退失据，辉映着人在大时代变迁中的楚囚对泣。

在电视剧《孤恋花》中，导演借一个小说里没有的人物对主人公说："人的一生回头去看，真的是不知所云……"而电视剧《一把青》里，活到最后的也是一个新编人物邵志坚，回忆往事时他说："会遇上什么，不知道，来了，就硬撑，输了，也怨不得别人……"我们总以为成长是一种"明白"，其实也不一定的。也许是经历了很多事、吃过了很多苦、失去了很多人之后，终于感受到命运的强力，被强力折磨出满口箴言。不知所云的不是命，而是记忆中跋前疐后的伤心与狼狈。

《金大班的最后一夜》同样如此。

作为白先勇最著名的小说之一，《金大班的最后一夜》曾被多次改编演绎。原著的结构是用一夜讲完一个女人半生的故事，她一生的故事横跨了两个时代。主人公金兆丽曾是旧上海百乐门头牌舞女，年轻时也曾爱上过难以为自己人生负责的英俊少爷，被抛弃后痛定思痛在风月场刻苦发迹。流落台北时，美人迟暮，金兆丽有一个浪漫的海员男友秦雄，却心知肚明以秦雄的年纪和能力而言，实难托付终身。考虑再三，她最终还是决定下嫁家底殷实的橡胶厂老板陈发荣。在西门町夜巴黎最后一天上班时，金兆丽主动邀请一位害羞的年轻男客跳了最后一支舞……她回忆起了往昔，想起了一些年轻时的朋友。

电影中，金兆丽训练年轻舞女的桥段，颇有通俗剧的风情。好像是一个受过伤的人，可以理直气壮地教训年轻人，什么是真什么是假，什么是真心什么是吃亏。自己是几斤几两要明白，客人到底有没有把你当人也要明白。烂污瘪三的鸟气，能躲就躲，躲不了也不要自己迎上去受。更重要的是，不要相信客人。而明白了这些，也不能浪费时间去伤心，而是要抓紧时间搞到钱。金兆丽有个好姐妹叫吴喜奎，两人风光的时候，经常晚上转完台子就去吃炸鸡，炫耀自己的伤风败德，炫耀自己的心狠手辣。但到台北以后，小姐妹很快嫁人，改头换面成了大富婆，原来竞争不过她的小花小草也嫁得颇安稳，足可以讽刺金兆丽还在情海里普度众生的尴尬处境。

金兆丽面对前半生所做的最后一道考题，是在秦雄和陈发荣之间做选择，通俗一点说，是在爱情和靠山之间做选择；感性一点说，是在三十岁和六十岁的伴侣之间做选择。她不是《游园惊梦》里的蓝田玉，用二十岁的青春和魔鬼做交易，她自己也知道"多走了二十年远路"，面对四十岁的自己，这样的考题已经算不上轰轰烈烈。她不忍心告诉秦雄，自己在百乐门走红的时候，一晚上赚的钱比他现在的全部积蓄还要多。但她就喜欢他这样单纯，会哭哭啼啼跟她报备自己喝醉了酒做错过事，跟她承诺要和她结婚，给她买房子。她也不是完全不相信，人生当然会因奇迹而变得更美好的。

小说里有一个细节写得很有意思。"十年前她金银财宝还一大堆，她一时兴起，到基隆去送秦雄上船，码头上站满了那些船员的女人。船走了，一个个泪眼汪汪，望着海水都掉了魂似的。她心中不由得倒抽了一口冷气。这次她下嫁陈发荣，秦雄那里她连信也没去一封……四十岁的女人不能等。四十岁的女人没有工夫恋爱。四十岁的女人……连真正的男人都可以不要了。四十岁的女人到底要什么呢？金大班把一截香烟屁股按熄在烟钵里，思索了片刻，突然她抬起头来，对着镜子歹恶地笑了起来。她要一个像任黛黛那样的绸缎庄，当然要比她那个大一倍……"她很快就从面对秦雄稀少的惆怅里超拔出来了，"要是十年前碰到他，也许她真的就嫁了"。久经风尘，良心未泯，但良心抵不过恐惧。这种恐惧很难说是来自衰老还是贫穷还是别的什么不安，人前的风华绝代、善解人意似乎都是要用铁石心肠和歹恶欲望来支撑的，没什么可商量的。面对前半生，她们的人生已经展开倒退。美貌、金钱、情爱，甚至是旧时代的经验，都日益式微。就连堕落变坏的经验，时代也已经不需要你的往事来诠释。金兆丽最后跳的那一支舞，是怀想年轻时的爱人的，也是怀想负心汉的，她居然凝望他，百般温柔地照顾他拙劣的舞步。她居然是在看到基隆港口送行的女人们,才显出"倒吸一口冷气"的铁面来。

我们可以理解为,白先勇对于男性美的偏爱是超过女性的。故而他对女性处境的刻画才显得更为冷观、哀凉。1958年的"金大班"到了1965年成了更为超拔、更为冷观的"尹雪艳",她更加没有感情,在时空变化中是凝固不变的。在人事上,有的迁降,有的高升,"尹雪艳不管人事怎么变迁,尹雪艳永远是尹雪艳"。有情笑看,实际上却是最无情的。

回想到梅艳芳的告别,还在有情哀看的时候向年轻女孩子传递的讯号,恐怕是发自肺腑、不惜差一点就要跟不上时代女性思潮的。却又因其"有情",听多少遍都只让人感叹"昨夜西风凋碧树,独上高楼,望尽天涯路"时的情景中人。

"我穿婚纱好看吗?"金大班也可以这样问。

苏童二读

《红粉》"这日子过得可真奇怪呀"

1956年,陆文夫发表了短篇小说《小巷深处》。故事的地景在苏州,住在小巷深处的青年女工徐文霞刻苦学习,与大学生张俊产生了近似校园爱情一般轻盈、真挚的情愫。但在徐文霞心里,这段爱情始终埋藏着一颗隐形炸弹。因为在旧社会,她曾经是一名风尘女子,她是新社会被改造成功的典型。通过不懈的努力,她离光明的新生活越来越近了,可惜好景不长。

有一天在和张俊游玩时,徐文霞遇到了昔日的客人朱国魂。朱国魂一眼就认出了她,开始纠缠她,要钱、猥亵、威胁。徐文霞不堪其扰,最后悲愤交加,向张俊坦白了自己的身世。小说的结尾是内心激烈挣扎的张俊,终于鼓起勇气"擂门",擂门声回荡在小巷深处。

如今看来,这样的作品过于简单、光明。有趣的是,刚刚接受完改造的徐文霞努力学习代数知识,这时的她发下了豪言壮语,"把工作让给我,把爱情让给别人吧!"特别有意思,先锋得不得了。与其说这是一种斗志,不如说是一种丧气。而有时这两种情绪,居然可以用一种语气来表达。现在还在办公室加班的女孩子,偶尔是不是也会生出这样的念头来?

徐文霞企图用劳动和学习克服对爱情的渴望,可惜失败了,说明渴望是很难战胜的。我不太喜欢这部小说的结尾,但对小说中的这句话印象深刻。而这一段妇女改造的故事,苏童的名著《红粉》也曾写过。

这部小说后来被李少红拍成电影,还原得别具声色。印象最深的是,参与改造的小萼(何赛飞饰)要自杀,说:"我弹不完棉花,只好去死。"后来小萼兜兜转转居然和翠云坊中的闺蜜秋仪(王姬饰)喜欢的男人老浦生活在一起,一夜睡醒,她尿尿在老浦的脸盆里,老浦生气了说,"那是我的脸盆",小萼打开窗户,把一盆尿倒进河里。外面青瓦白墙,小桥流水,是最典型不过的苏州气息,这个带着颓废气韵和尿味的气息,即使在二十世纪九十年代,也是稀少的、令人感到新鲜的。

苏童或者不认为这些失足妇女可以通过学习电气技术获得新生,还能赖以为生,"让你做工,让你忘掉男人"实在是太艰巨的工程了，学习的力量除了让小萼手上有了难看的水泡之外，没有在她身上留下任何痕迹。

小萼作为丧气少妇的代表，抵触劳动，也不喜欢学习。小说里的她不是因为弹不完棉花死的，而是缝不完麻袋，除了死，她说她没有别的办法。不管别人怎么引导她，她都没有说"把工作让给我，把爱情让给别人吧！"而是说"你们不怕吃苦，可我怕吃苦。我没有办法，谁让我天生就是个贱货……"死也不让死，哭也不让哭，日子不知道要怎么过。

生活的表象在苏童笔下显得多么奇异，总有一些不是道理的道理，上不了台面的深情。被搬演至电影银幕上，饰演老浦的王志文去玩月庵哀求秋仪不要出家。秋仪第一反应就是捂住自己的头，怕没头发的自己在喜欢的人面前太难看。耿直直男如老浦，和《小巷深处》的张俊一样地"揞门"，他明明是想带秋仪走，却一个劲地说"侬做啥要把头发剃掉啦？……现在外面没事了，你用不着东躲西藏了，可你为什么要把头发剃掉啦？"

秋仪觉得，"女人一旦没有钱财就只能依赖男人，但是男人却是不可靠的"。小萼觉得，"钱是钱，人是人，再干净的人也要用钱，再脏的人也要用钱"。苏童说她们"心事重重，没有人想对她们的未来发表一点见解"。

后来，老浦为了满足小萼贪污巨额公款被判死刑，小萼因为贫穷与房东私通，后来又去了北方。秋仪在不被家人和尼姑庵接受的情况下，反而开始自食其力，照顾起小萼和老浦的孩子。老

新　腔

浦对她来说,是她十七岁时要过的一条河,她没有选择,老浦是她唯一的桥。老浦被枪毙以后,秋仪和小萼又见面了,平静得要命,分明是被闺蜜夺走了爱人,分明爱人又被闺蜜害死了,两个人头挨着头,姐妹一场。秋仪说:"这日子过得可真奇怪呀……"

《红粉》中有很多说不清楚的东西,很奇怪的东西,也正是这些晦暗的东西,不成道理的道理,使之成为令人想念的女性小说。

《红粉》里的女孩子总会遇到一个微小的困境,就是她们好心要送的礼物老是送不出去。秋仪出家前,曾经坐着黄包车犹犹豫豫想要回家,最后车子经过家门口附近,她看到瞎子老父亲坐在棚户区的家门口剥蚕豆。路过父亲身边的时候,秋仪把手上一只大方戒丢到了盛蚕豆的碗里,父亲竟然不知道,仍然专心地剥蚕豆。后来,父亲因为车祸丧生,姑妈来看秋仪,把戒指还给了她,还给了她一坛咸菜,叫她以后不要回家了。

老浦探望小萼时,说捡到了她的胭脂盒,小萼让他代自己保管。小说最后,两人的孩子八岁那年,在床底下发现了一只胭脂盒,上面有女人和花朵的图案。孩子对这个盒子很感兴趣,秋仪收起了盒子,对他说:"这是一只胭脂盒,小男孩不能玩的。"胭脂,就是红粉,而红粉,就是她们。是送不出去的,被人嫌的礼物。

小萼和老浦结婚的时候,秋仪去特地送了一对镯子,临时又决定送把伞,伞,就是散。小萼想到这里就扔掉了,眼看着一辆货车把伞架碾得支离破碎……

人间的感情那么复杂,有些在光明处,有些则在晦暗的褶皱里，都是人之常情。好逸恶劳、不思进取、贪图情欲、铤而走险……好像人的命运被黑手把持，也可能造化如此，怎么挣扎都是与深渊的边际耳鬓厮磨，没什么用的。但无论是挣扎还是放弃，是进取还是灰心，总有一些真心被微光照亮。

人大教授潘绥铭做了不少相关妇女的访谈。印象深刻的是，有一个三轮车司机抱怨自己的情人怎样怎样，教授问他，这个人是小姐啊，你怎么区分小姐和情人呢？他一句话就回答了，"她给我做饭吃"。

再心怀鬼胎，也有饮食男女的坦衷，可笑又可爱的。

《妇女生活》"好多事情女人有感受，男人没有。你懂吗？"

《长恨歌》的第一部分，与苏童的中篇小说《妇女生活》非常像。这部发表于1992年《花城》杂志上的小说，在2003年被改编成电影《茉莉花开》。电影中，年轻的章子怡扮演大雨中羊水破裂的产妇，看得令人伤情揪心，那时她还没有真的当过母亲。

实际上，《妇女生活》的小说要比电影精彩得多，通篇都弥漫着神秘又典雅的性别焦虑灵韵。软刀指向"女人永远没有好日子，这跟男人没有关系"。家族中三代女性互相鄙夷、互相嫉妒，春心誓共花争发。从性别内部的敌对，到最终将男人看作共同的敌人。文末男作家笔锋忽转，借小说中男性角色之口说出了真相，

"如果这样就会发生格斗。你怎么打得过我呢?"

《妇女生活》的故事曲折悲情。娴是汇隆照相馆家的女儿,三十年代的电影梦毁了她的前程,她委身于孟老板,怀孕后被抛弃。回到娘家,却被母亲的理发师男友侵犯,母亲受不了这一切,选择自杀。自杀那天,母亲提醒娴,理发师曾经拿走过她两只戒指,记得去要回来。娴对母亲最后的印象是,根据脚步声判断,母亲离家时穿了一双高跟皮鞋。

娴对自己的命运认知是"就因为怕痛(不愿流产),断送了我的一生"。而后娴生下了女儿芝,却因为性压抑,重蹈母亲覆辙,会为见到女婿这件事精心打扮,"腰部以上绷得很紧",还对女儿说:"我年轻的时候怎么就碰不到这样的男人?"

芝没有父亲,"反感娴在所有男人面前的轻佻言行和举止",从小性情淡漠压抑。又因为不能生育,与丈夫邹杰互相折磨。直到邹杰抱回了一个女婴萧,用芝的话说当波斯猫养在家里,一切才有了看似完整的面貌。少女萧在日记中写:"我的童年是不幸福的。我母亲患有精神病。她从来不关心我。我的外婆一把年纪还要打扮得妖里妖气。"萧从不提养父,是因为养父曾经在极度苦闷中意图侵犯她,还被养母芝威胁告发。邹杰卧轨自杀。他的死使芝非常自责,加重了抑郁。

萧的丈夫小杜对丈母娘每天抱着丈夫的解放鞋哭泣的行为颇为感动,觉得这是芝对亡夫刻骨铭心的眷恋。萧有苦难言,但她的感受和芝对母亲的感受一模一样,"好多事情女人有感受,男人没有"。说了等于没说，没说心里又堵得慌。

萧对丈夫小杜强烈的控制欲，终于让小杜心灰意冷，在萧的孕期出轨，萧打算复仇，却在举起刀的时候羊水破裂。

小说中的三代女性都反抗着自己的单亲母亲，但她们又不知不觉地效仿着母亲的偏执。即使邹杰和小杜在婚姻生活中同样受尽折磨，他们并不仇恨女性，换句话说，小说中的男性都没有自己的太太对女性的厌恶来得深邃。这种厌恶与我们传统文化中歌颂无私母亲的习俗大相径庭。如此的反差在令人感到不适的同时，又令人觉得真实。好像千百年以来女人都在压抑自身的"兽性"，回避着母女之间也可能发生的极端嫉妒和残忍攻击。

这样的事在文学活动中倒也并不罕见。譬如王安忆就说张爱玲觉得她母亲比她漂亮，所以她一辈子都在嫉妒。菲利普·罗斯的《美国牧歌》中，生活看似完美的犹太企业家塞莫尔·利沃夫，也因为家庭内部妻子与女儿的矛盾，卷入外部世界的纠纷。

如果母亲太美了，女儿从小就陷入颓废与悲观中，这样的事应该怎么处理？如果女儿长大了，却发现母亲总在模仿自己的穿着和自己喜欢的男人说话，这样的灾难又该怎么灵巧地度过？如果女儿终于在男人那里受了伤回到家，母亲却幸灾乐祸地说："我知道你会回家的，你毕竟是我的女儿。"该怎么回嘴？如果女儿看到了母亲的反常，揭穿了她的偷情事实，心里居然没有感到羞愧，反而感到快乐，要怎么扭转到更加得体的反应？这样的事，我们好像从来没地方好好学习。

苏童的笔法很有意思,《妇女生活》中三对母女如此离奇的相处模式,居然没有使得任何一对爱上同一个男性。女性的痛苦仅仅是出于性魅力的争斗,而不是情感与心灵层面的磨难。这非常动物性,男性将女性从司爱的女神形象中解放了出来,还原为暧昧的普通人。反正在一个男人看来,一对母女可以还原为年纪的差别,而非伦理的枷锁。他们抛出了非常残酷的问题,但不提供解决方案。作家通过母女情仇展现了女性焦虑的病态,甚至带有文明没落的意味,却将问题化险为夷为"好多事情女人有感受,男人没有。你懂吗?"

重读《妇女生活》时,我最喜欢的段落都和食物有关。第一则是做着明星梦的少女娴曾在1938年春天和其他女明星出游苏州,那是她一生中最绚丽的时刻。"她们坐在一条大木船上,一边啃甘蔗,一边欣赏河两岸初春的田园景色。船快到虎丘塔时,大批的记者蜂拥而至,照相机的快门咔嗒咔嗒响成一片,娴在这个时刻充分体会了荣耀和快乐。她后来一直保存着那次春游的照片。照片上娴和一群女明星坐在船头上,她们都在啃甘蔗。背景是虎丘塔和大片盛开的油菜花地。"小明星、女明星,一同啃甘蔗,很难想象这样的场景构成了一个女人一生中最怀念的时刻。

第二处是娴反对芝谈恋爱,觉得年轻的女儿看不懂男人,芝无视母亲的反对,"娴突然大发雷霆,她把筐里的花生壳抓起来朝芝的脸上扔"。很难想象一位母亲朝着女儿脸上丢花生壳,她的胃里还有好多没消化完的花生。

第三处是小杜出轨，萧去捉奸。"她看见小杜站在一块公共汽车路牌下……他是在等人。萧这样想着就到路边小摊上买了一袋瓜子。她倚在广告牌后面，一边嗑着瓜子，一边注视着街道对面的小杜。萧决定不再回避，她突然站在他们面前，不动声色地嗑完了最后几颗瓜子。最后萧响亮地清了清嗓子，朝他们脚下吐了一口痰，然后她把手里的瓜子壳全部扔到小杜的脸上。"萧在预备捉奸的路边小摊上买了一袋瓜子，这让人觉得她的确是那种会有念头想要杀夫的女性。

花生壳、瓜子壳在苏童笔下都成了女性食物，是风情，也是武器，象征着女性的愤怒，反驳性魅力的丧失。但更重要的是"厌母"的情绪如此淋漓尽致地表现，实属罕见。小说里有一段写"小杜和女友一起骑车路过红旗照相馆，看见萧在路边菜摊上买莴苣。萧没有看见他们，她和菜贩耐心地讨价还价，最后拎着一篮莴苣满意地离去。小杜看见了萧的腹部沉重万分，想那里孕育着他的骨血，小杜感到惘然若失。他对女友说，你知道吗？婚姻其实是一只巨大的圈套，只要你钻进去，生活就变得莫名其妙。"《妇女生活》里所有的女性问题都指向母亲不像母亲，而这在男性看来，太太当了母亲，表现为一种圈套般的"莫名其妙"。

前几日在饭桌上，我听到一个第一次见面的人冷陌生头地说："我不知道母爱是什么，我和母亲的关系一点也不好。"我也想起曾有个朋友在母亲过世之后，表示终于解脱了折磨。她知道母亲一生不曾快乐，自己却连最后一面也没有见上都不感到遗憾。她不希望母亲死，却也不挽留她，没有人知道两人之间经历了什么。

当妈妈不再是楷模，这样的事只会越来越常见。从"厌女"到"厌母"，《妇女生活》似乎是在性别面向上往前走了具体的一步。这种挣扎却还要依托女性自身得以尽数感知，母女们互相了解，却只能用死亡将怨恨冲淡。"萧想她为娴作了解脱，而女人与女人的心其实是相通的。"

严歌苓《少女小渔》
"那一塌糊涂的幸福也没有了"

前几天和朋友聊天,她在国外念书,但和如今你我想象中的留学生活很不一样。因为父母放心不下,她的房东是经远亲的远亲介绍来的。房间很小,房租很便宜,(表面上)没有不认识的人会欺负她。在损失了一定的同学、网络之外,她其实过上了一种颇文学化的生活,看到了原来看不到的日常。比方,为了节省牙膏和洗面奶,他们会用剪刀剪开包装。这个细节,我记得1994年的电影《少女小渔》里就曾有过。小渔为了获得绿卡所嫁的老头马里奥,有天就在厕所的洗脸台上发现了小渔剪过的牙膏。

扯闲篇的时候我问她,那你房东和太太是怎么认识的啊?她说,房东太太那时候有点辛苦,睡在天桥下,后来有一天,房东据说搭了她一把手。我问:"搭了一把手就在一起啦?"她说:

"当然不是，他们好像也是认识很久了。我也不清楚啦！"

出于写小说的本能，我对于这种"不清楚"很有兴趣。我不知道这中间的曲折是怎样的，他们又克服过怎样的困难，最终走到一起。最后在女人的鞭策下，他们在异国他乡有了一栋自己的房子。而这一切都是由那个扑朔迷离的"搭了一把手"开始的，因为在此之前，据说那位房东是不存钱的。

因为说到牙膏这个细节，我又看了一遍电影《少女小渔》。想不到时隔二十多年，感受依然十分复杂。

《少女小渔》改编自严歌苓的短篇小说，电影的改编比小说要温柔许多。主角小渔是一位自中国到纽约与留学生男友江伟团聚的非法移民。为了得到绿卡，小渔"嫁给"了一位潦倒的左派作家马里奥。"假结婚"创造了理想化的互相观看，小渔与马里奥成为朋友，这却引来了江伟的嫉妒。在取得身份之前，小渔已经察觉到江伟的不忠，这令她的牺牲顿时丧失了意义。马里奥以一种善意同化的姿态，启迪小渔要为自己而活，而不是为男友而活，与此同时又希望她遵循内心的爱，不要像他一样到了晚年追悔莫及。

电影的结尾具有更大的张力，江伟气呼呼地来接已经获得身份的小渔，此时马里奥刚好病重。出于人道的同情，小渔恳求江伟让她照顾马里奥几天。但嫉妒的江伟表示，他只愿意等她五分钟。在这最后的五分钟里，小渔听到江伟开车来，听到他不耐烦地鸣喇叭，听到他上楼，听到他没有敲门，听到他下楼，听到楼下重重的关门声。她的命运就此彻底改变了。推开门，她看到马里奥松懈的手臂上停着一只苍蝇，一种不祥的、死亡的讯号笼罩在"剧终"以前。

如果去除"移民故事"的标签，小渔在小说中的自我感慨要比文化冲突和性别自觉更加具有直接的力量。在看待马里奥时，小渔虽然处于极其弱势的处境之下，却怀有悲悯，她看待马里奥与前妻的互动，心想着"他们每一天都过得像末日"，"小渔有足够的余生纠正一个短暂的人为的堕落，他却没剩多少余生了"。这是一双年轻的、小鹿一样的眼睛看待暮年之人的生存与爱，它显得那么真诚又可怕。而与此同时，小渔的男友江伟却在精打细算地挥霍两人的青春，他抬头看着天花板，懵懂地说："还有三百六十四天。"那是小渔可以跟老头提离婚的日子。江伟在这个女性故事中形象极其不堪，他自私又狭隘，出卖女友还恬不知耻。但他也有天真的一面，这种天真在于他觉得"人为的堕落"可以是短暂的，出借一年半载的女友可以通过"青梅竹马"的渊源与互相信任的真心原封不动地回来。他不知道，即使小渔还是那个小渔，他也不再是从前的他。"典妻"的历史远比他们青梅竹马的爱情要悠久多了。

电影中马里奥的前妻是一个流浪艺人，风尘、世故、飞扬跋扈。且不说她对待小渔的态度是出于成年女性的傲慢还是白人的傲慢，她对她说的最重的话也不过是"青春真令人讨厌"。马里奥与她对待小渔都具有一种兼具强势和苦口婆心的"家长作风"。

但在小渔心里，这两个人的生活都显出了"末日"的萧瑟。他们已经不够时间成为更好的伴侣，他们也偶尔会有年轻时的莽撞和忽视，但二十四岁的小渔和江伟在做些什么呢？他们一样在做着无可奈何的堕落的小事，一样争吵和不够珍惜……小渔希望任何东西经过她手能变得好些。唯独爱情，她不仅搞砸了自己的，也搞砸了别人的。小说中有一句话很有意思："据说老头在'娶'小渔之前答应了娶瑞塔，他们相好已有多年。却因为她夹在中间，使他们连那一塌糊涂的幸福也没有了。"

"那一塌糊涂的幸福也没有了。"看起来真是让人心酸。而我在二十岁出头的时候，即使像小渔一样贫穷，一样相信爱情，莫名其妙地相信平凡的日子总会一天一天好起来的，对老年人那种"一塌糊涂的幸福"也和她一样嗤之以鼻。我还不知道，在老人看似"一塌糊涂的幸福"里，会有那么多对自己的反省和对别人的愧疚，对时光不再的无奈和对年轻情侣又爱又恨的期许。

"还有三百六十四天……"也是少年人才有资格随便说说的嚣张的情话。马里奥只会说："我非常爱瑞塔，但一切都太晚了。"

唐颖《上东城晚宴》
绮梦与真情

我在中学时期读过唐颖的不少小说，小说里所营建的文学世界充满异域风情，十分浪漫。如《初夜》写十五六岁的女孩子如何面对自己身体的变化、心理的变化、命运的变化。《阿飞街女生》又写"文革"时期少女们心照不宣的秘密，最终成为彼此萦绕一生的情感创痛，灰暗又甜蜜的小说气氛很吸引人。但更重要的是，唐颖写了许多女人与诱惑的搏斗。

王安忆曾经在《建筑与乡愁》一文中写道："我以为生活在上海西区尤其是淮海路的女孩子很有抵抗力，在家里哪怕拮据到住在昔日的汽车间，出门面对消费的橱窗，你必须要有抵抗力，否则很容易就被物质的虚荣卷走。我们在市井里面生长，都打过预防针，我们知道在物质面前如何保持自己的冷静。"这种淮海路女孩子理应有的抵抗力，到了唐颖的小说里则变得有些可疑，因为就算"淮海路小姑娘们"顶住了淮海路上消费的橱窗，却可能在纽约上东城彻底迷失。世界那么大，抵御不了物质的虚荣，实在是太普通不过的事情了。女人们没有那么顽强，她们那么喜欢美的东西，那么喜欢逸乐，终于是会被某种更大的、更多彩的"世面"所吞噬的。

唐颖的新小说《上东城晚宴》说的是一个奋斗在纽约的华人艺术家的故事。害怕在平庸人生中浪费生命的上海姑娘里约在一次圣诞节聚会上结识了精明能干的画家于连。好奇热切的里约沉迷于璀璨耀眼的于连的魅力，并逐渐在情欲中迷失。

在《上东城晚宴》里，开篇就出现了"上东城晚宴"这个场景。小说中与"上东城"相对的地景，可能是法拉盛，因为那里有很多中国人和便宜的中国食物。"上东城"与法拉盛，一个在天上，是高端美国梦的象征；一个则是华人在美国的日常生活。相比较而言，法拉盛显得那么不值得追求，因为它显然不是有梦的人离开家乡的终极目的。中国人到美国去，要"给自己一点闪光如同金子的回忆"，指的是"上东城"的黄金梦，而不是什么"低价位的中国番茄""买得到做馄饨所有食材"等等俗世的日常生活。

《北京人在纽约》里，王启明初到纽约时看着自己的双手问天："这双八岁就开始拉琴的手，一直被重点保护，怎么能刷碗呢？"但到了唐颖的小说里，则开启了辛苦迁徙后的另一种可能性。艺术家到了美国，没有开超市、餐厅，没有去做衣服，拉琴的依然拉琴，画画的依然画画，写剧本的依然写剧本，他们还保留有坚定的艺术追求。尽管经济的拮据时有发生，但那种拮据已经表现为一种阶层互观的拘谨（"衣服的正确性也是至关重要"），生活本身反而显得有些可疑。

中美文化交汇的历程，自1862年时任美国《事业报》记者的马克·吐温写作《唐人街》的报道，已过了一百五十多年。我们所能想象到的各种文化符码，从"美利坚苦行曲"到"黄祸想象"，从赛珍珠、黄柳霜到"喜福会"，从"少女小渔"到"喜宴"，从"北京人在纽约"到李翊云、哈金……实际上已经展现了各种不同层面的精神风貌。有趣的是，唐颖的故事还是显得那么中国。中国人到了美国，遇到了在美国的中国人，他们彼此诱惑又彼此折磨。他们逐渐形成了自己的生态链、鄙视链，他们中的翘楚被戏称为"于连"，因为同侪们"把他抹黑又涂上光环……那位上东城朋友，娶了一位美国富三代千金，一个中国来的艺术家，凭什么混到美国豪门"。另一方面，仰慕这位"于连"的上海女子里约却在这场豪门晚宴上与之一见钟情，她时而晕眩时而清醒，维系着这段不伦的情感关系。这也是整部小说的真正主题。

一方面里约很诚恳，"我不会说我对上东城无动于衷，但我还不至于神志不清到以为自己可以跨进那个圈子……她不希望自己在经济上依靠某个男人，但是，适时让他们支持一下，她才可以长久地保持自己的独立性"。另一方面,"她得承认,自己是个没有目标的人"。这些话略有些自相矛盾,但正因其矛盾,似乎才展现出了一种女性化、非理性的光辉。

不恰当的憧憬是那么难以抵抗。张恨水在《啼笑因缘》里写到沈凤喜在做出人生至关重要的情爱权衡时,有过这样一段描写:"想到雅琴穿的那身衣服;想到尚师长家里那种繁华。设若自己做了一个将军的太太,那种舒服,恐怕还在雅琴之上……洋楼,汽车,珠宝,如花似锦的陈设,成群结队的佣人;都一幕一幕在眼面前过去,这些东西,并不是幻影……生在世上,这些适意的事情,多少人希望不到,为什么自己随便可以取得,倒不要呢?"许子东在分析沈凤喜和张爱玲笔下的葛薇龙时曾说到这两个女人堕落时的表现,一个是在梦里痛苦,一个是在现实里内疚,互相映照,很有意思。现代社会要开明得多,女性能够在任何时期选择任何形态的情感生活,早就谈不上是"堕落"了。面对"黄金梦",一样有的人在梦里痛苦,有的人在现实里挣扎。如唐颖在《上东城晚宴》中强调的词眼——struggle,挣扎。面对物质、虚华,这些上海女孩子显然是没有足够的抵抗能力的,但同时她们又是新女性,敢于正视自己的欲望,知道自己在做什么,同时又会付出怎样的代价。只有自己能阻止自己,她们选择了面对代价的偿付。

唐颖的独到之处或许在于,多少年来,她笔下的人物不管在哪里,参照系始终是上海("这里人口密度堪比上海徐家汇"),

是上海人心中的倾慕与鄙夷。读者很难辨析清楚，她小说中所谓的"异国感"到底指的是哪里。似乎有时是美国有时是中国；有时是"年轻时的美国梦到了美国就结束了"，但有时是"这里还是纽约吗？"这种扪心自问或者说真切的迷惑，其实与她笔下的女性对于男性魅力的迷惑是同构的。似乎唯有通过漫长的琐碎的比较，才能真正成立。

我们印象中曾经有过许多"上海女性"的形象，有些是带有"海上花"秽史色彩或者租界基因的，有些是香港人、台湾人努力重塑的审美形式。当代文学里《长恨歌》中的王琦瑶，从旧时代走来，演变为一种"小儿女情态"，是属于这个城市表情的象征，而不是具体的女性个人。那具体的上海女人又是怎样的形象呢？电视剧在此时显现出强大的威力，最近要是和人说起来，一定会说到改编过的电视剧《我的前半生》里的上海姆妈，夸张的眉飞色舞、势利贪婪、护犊情深。又或者是口音里带着"的呀""对哦"的上海女儿。强势是写在基因里的潜在宿命，零落成泥也还是会逆袭的，所以不能小看她。但如果我们仔细读唐颖这二十年来的小说不免会发现，她塑造的上海女人是那么感性、软弱、虚荣、颓废，还难以逆袭。

她们碰到困难的时候，会回到中国城来找寻安慰："她还需要去给自己买中国食物，找回正常日子的感觉。她记不得这些日子靠什么果腹。可是，去法拉盛也不完全是为买食物，更像是心理需求，心里空便需要某种满来填充。"中国食物、少年时期喜欢的少年,是差不多疗效的安慰剂。

在美国过"上东城"的日子是绮梦,在美国过"上海生活"是"正常日子"的召唤。两者交织又抵触,与其说作家写的是美国梦,不如说写的是"上海女人"走过青春、走过地球、走到今天,走出一曲祭奠自己的挽歌。用小说里的话说:"充满了时代感,却不是今天的时代。"

蒋晓云二读

"想想世上还没有镭射激光可以打掉一个人心上的老人斑"

1986年，台湾作家蒋晓云在中国文联出版公司出版了一本叫作《无情世代》的小说集。但她并没有写过一篇叫作《无情世代》的小说，这部小说名来自于朱西宁的评价，他说蒋晓云写作的是张爱玲后的"无情世代"，承袭夏志清对张爱玲"无情世代的先觉者"的评价。

1987年，漓江出版社又出版过一本《姻缘路》，副标题是《台港女作家作品选（第二辑）》，选的自然是蒋晓云的联合报首奖短篇小说《姻缘路》，那场文学比赛，夏志清是决审委员。在

新　腔

　　蒋晓云的文学生命中,"夏志清"这个名字似乎很难剥离开,既是她的荣誉,也是她的负担。在那几年的风光里,许多如今赫赫有名的台湾作家都屈居其后,用蒋晓云的话来说,得奖之后,出租车司机都认识她。

　　那两本书应该是蒋晓云作品在大陆的第一次集中亮相,那时蒋晓云已经去美国。"小张爱玲"的封号没能令蒋晓云在大陆的出版命运有多大改观。在那个时代,生活的悲壮要远甚于文学的呢喃。我印象比较深的是,那两本书在写作者介绍的时候,都提到了蒋晓云的原名,复名的两个字顺序却是颠倒的,不知是不是编辑失误,也不知哪一个名字是对的。即便后来见过蒋晓云多次,我都没有问过她这件事,包括《无情世代》的书名是怎么来的,以及,她的原名到底是什么?

　　无论是对书还是对人,命名对作家而言都是挺重要的事。正因为名字是神秘的礼物,我怕我问了,就道破了一些无所谓非要去明确的东西。她后来叫作"晓雲",这也很有趣,不熟悉繁简转换的往往会忽略,"云"未必确凿地转换成"雲",有的台湾人名字就是"云",而她则是"雲",不一样的。能拘泥在这些细枝末节的小事中,也可见我对于她命运的种种共情与共鸣,是十分私人的、闪烁的。

　　台湾这块土地像琥珀,不仅城市面貌演变得极其缓慢,许多环境亦然。她二十六岁时挥一挥衣袖告别的,如今的我甚至能看到当时的样子。二十六岁的女人并非个个没有勇气活成另外一个人，有时只是能力不够。但面对现实做最好的准备，也许并没有那么千头万绪。

1980年到2011年间，蒋晓云开始了另一段人生。她放下了自己曾有过的作家、文学奖获奖者身份，漂洋过海、重新求学，用台湾人的话来说，她一定是属于"人生胜利族"的一员，但这种"胜利"与她二十六岁时的放弃是一起发生的。她没有告诉我自己经历过的不好的事。但这并非掩饰，她只是选择不去说。

蒋晓云在二十岁的时候，就被认为"关注的人生问题不够重要"。我记得曹可凡有一次说起，"蒋晓云的小说里还是有生活的"，我觉得说得很好。而生活是什么呢？生活当然不只是文学，它可以成为文学，也不一定非要成为文学。生活与文学是难兄难弟，也可以貌合神离。记得我们有一次在思南公馆做对谈，蒋晓云说，你看我好端端坐在这里，我没有告诉你你就不会知道我的手或者脚刚刚骨折过……我觉得她没有说出来的是，我为什么要告诉你这些？

她的小说亦然，几乎没什么苦闷、颓废、虚无，就像她自己说的"人生在世，如果天天都只想着以后的日子怎么过，那今朝还过不过了？"蒋晓云笔下的女人，从来没觉得自己是"未亡人"，也没什么"未亡的梦"。日子无论是被时代毁坏的，还是被自己毁坏的，都要有复原的能力，这就是她的传奇。你做一做，就知道并不那么容易。

2014年，蒋晓云以一个新作家的样子出现在大陆出版市场中，据说几部作品都卖得不错。我觉得最有趣的原因是，她身上这种乐观的女性精神，与现时大陆的女性想法是契合的。好不容易经济独立的女性，对于如何奉献自己这件事，有了更清醒的认知。爱是爱，过日子是过日子，发愁是发愁，放低的期望不是放低，而是期望本就是一场豪赌，自然有刺激的乐趣，也有难以弭平的遗憾。经历那么多事，到六十岁时不断旅行，又云淡风轻写一句"想想世上还没有镭射激光可以打掉一个人心上的老人斑"，写女人与男人，痴与怨，将将相映成趣，还有人喜欢，不是挺好？

"爱情为什么变成了历史"

前日"中研院"举办了"不死的灵魂：张爱玲学重探——张爱玲诞辰九十五周年纪念研讨会"。许多张爱玲专家都做了精彩的发言，会间有一位老师说，张爱玲创造了一个很少见的场面，那么多人在一起讨论"爱情"，在"文学研究"领域里，好像我们讨论"性"还比较常见。这令我想起几年前叶嘉莹先生在《印刻文学生活志》上发表的一篇名为《爱情为什么变成了历史——谈清代词史观念的形成与清代的史词》的文章。

从韦庄、杜甫、李清照、李商隐到陈子龙、李雯，叶先生谈诗词的背后是"人如何在艰难困苦中完成你自己"，也是百事全非、历史浩劫之下"弱德之美"的反省。在寥寥数语提到《色戒》与汪精卫的诗时，叶先生说，她和王佳芝同时代，完全能理解那个时代环境之下的人的极为复杂的情感，汪精卫常常说作为一个革命的人，有两条路子，一个是做煲饭的锅，为"釜"；或者是做"薪"……"薪"就是要献出你自己，把自己烧掉。所以他写了一首诗："见人析车轮为薪，为作此歌。"

所以大家在讨论张爱玲的"爱情"时究竟在讨论什么？毋庸置疑在张爱玲学的语境里，她自呈边界模糊的容器。她的生发性与延展性可以容纳历史嬗递、权力演变的不断检视。王德威教授突出"把我包括在外"的治外法权词汇，重新理解张爱玲的处境与抉择。王德威在演讲中说："'把我包括在外'真的这么浪漫吗？这种随机应变的抉择、危机处理的方式值得思考。"思考什么呢？

"处境"研究日益成为一门显学，尤其在世变时，人的处境的呈现是一个非常复杂的问题。卜正民用了callaboration一词，试图还原巨大历史兴亡之际人的困境与抉择，那对于历史长河而言只是短短一瞬的人的"惊梦"，尚未到"多少暄凉"的感慨时，是"析车轮"的霎时血泪。

《爱憎表》的发表是又一盛事。不过在学者们谈到张爱玲把"历史"这样一个庞然大物的观点快速浓缩到个人生命管理的层次上消化，张爱玲意外地在短短的文字里，表现了她独特的政治意见。这也令我想到蒋晓云。我最初读到"民国素人志"时有一个最大的疑惑，作者同情的到底是这段历史中的哪部分人？

今年印刻出版的"民国素人志"第二部《四季红》，在大陆也同期上市。《四季红》是一首闽南语老歌，和《雨夜花》《望春风》《月夜愁》一起合称"四月望雨"，这个意象本身就有"大时代加诸人们的悲欢离合"的意味，我想大部分人并不知道这些背景。虽然不清楚蒋晓云是否有意图借用这个典故，但她显然剪裁了历史的吉光片羽。记得出版《红柳娃》的时候，蒋晓云的中学好友提醒她，"有些事你不能假设别人都知道"，她就哈哈大笑。前几天电视里做了一集台湾早年的禁歌专辑，我这样一个异乡人又听了一遍《四季红》。四年前吴念真导演在政大驻校时，也曾说起一个故事，说她母亲晚上很寂寞，就打电话给她最要好的闺蜜，两个七八十岁的老太太在电话里一句一句唱着《四季红》。当时我能感受到那个很感人的氛围，但我所能调度的经验是极其有限的。

　　"民国素人志"在大陆卖得不错，比在台湾获得的关注要高。但要进入文学史，又似乎很难给这样一批"难民"找寻到合理的历史位置。事实上，他们看似对历史攸关时刻没有什么贡献，也并没有人那么关心这一些并不隶属于军队系统的"难民"，后来又成为最早的"移民"，走过了怎样的心路历程。但他们似乎并不孱弱，还有一点骄傲，短短的一生里，发生的几次重大的迁徙都维持着扎实的生计和体面。蒋晓云传递了一种"爱人在不在比爱不爱重要"般冷峻的人生阅历，又传递着"人生在世，如果天天只想着以后的日子怎么过，那今朝还过不过了"女性化的坚韧和务实。

有一次我在电视里看到一个老艺人，父亲是美国人，但她并不会说英文，唱过很多琼瑶片的主题歌，是秀场年代里十分少见的外国面孔，她和谐星猪哥亮一起说了一些与她这张面孔很不兼容的笑话。然而她晚景凄凉。现在的人已经不太提起这些往事，越战期间曾有过二十万美军来台湾度假，二十年间制造了成千上万亚美混血儿。《四季红》影影绰绰融化了这一段往事，这些人镶嵌在"四月望雨"的角角落落，青山在人未老，情欲成了历史，比"张爱玲的爱情"距离如今的人更近。坎坷的孩子们都活着，但现在要看到这些事，已经要借助小说的记忆了。

新腔

毕飞宇《青衣》
"江山如此多娇,我们的女青年为什么要往月球上跑?"

热门综艺节目带红了毕飞宇的小说《青衣》,勾起我很多回忆。

二十世纪九十年代,不少男作家会在小说里描摹女性在世处境的孤绝情状,在冰天雪地或失魂落魄中采撷她们身上星星点点的美,诱惑中,还有鞘里藏刀的险象。毕飞宇笔下的女性更有些奇异的力量,这种力量可能是来自于民间传说或男性想象,像《青衣》里的嫦娥,《是谁在深夜说话》里的小云("她走到哪里,哪里的月亮就流光溢彩,哪里的天空就会有一朵雨做的云。"),共同特点是"远"。

这种对女性隔膜的、善意的遥想,增添了小说中性别眺望的情致。把这些女孩子放到世俗生活里,就显得有些过于神秘、高不可攀、不合时宜。她们用自己的命运冲撞特定历史时期特殊的权力话语，则呈现自毁前程的天问："江山如此多娇，我们的女青年为什么要往月球上跑？"

《青衣》发表于2000年《花城》杂志第3期。故事说的是青衣演员筱燕秋在十九岁时担纲了《奔月》A档嫦娥角色，唱红了舞台。由于在后台被前辈女演员羞辱，她一念之差将开水泼在了担任嫦娥B档的女演员身上。这一事件使得筱燕秋离开舞台二十年，她领了处分，去戏曲学校教书，嫁给了交通警察，被迫将心中的"嫦娥"委曲求全般地世俗化，零落成泥。但她没有放弃练功，她还在日常生活里徒劳地练习着"奔月"。

二十年后，心死如灰的筱燕秋偶然获得了命运垂青，商业介入戏曲市场令她得到了重演嫦娥的机会。历经减肥、苦练，甚至糟心的潜规则后，筱燕秋如愿站上舞台，甚至霸占了舞台，完全不给B档演员演出的机会。筱燕秋偏执地认为自己就是"嫦娥"，不在乎别人怎么看。虽不让台，身体却垮了。

筱燕秋早已不复当年的年轻美貌了，为了与自己作战，她变态地节食，甚至堕胎，"热切而又痛楚地用自己的指甲一点一点地把体重往外抠"。"她坐在美容院的大镜子面前，用她半个月的工资精心地装潢她自己。美容师的手指非常柔和，但她感到了疼。筱燕秋觉得自己不是在美容，而是在对着自己用刑。男人喜欢和男人斗，女人呢，一生要做的事情就是和自己做斗争。""筱燕秋坚信，只要减去十公斤，生活就会回到二十年前，她就会站在二十年前,二十年前的曙光一定会把她的身影重新投射在大地上,顾长、婀娜、娉婷世无双。"

然而在化妆镜前,她发现无论自己怎么努力,都比不上自己的徒弟春来了。甚至,春来就是她想象中复出的自己。"筱燕秋知道自己在嫉妒,她第一次尝到了嫉妒的厉害。她看到了血在流。""这不是母亲与女儿之间才有的心照不宣,是女人与女人之间的那种,致命的那种,难以启齿的那种。"她甚至因为自恋至极,情不自禁抚摸春来的身体,把徒弟春来吓坏了。命里八尺,难求一丈,逝去的岁月才是筱燕秋最大的敌人。

因为体虚过劳,筱燕秋子宫内膜严重感染,她留恋舞台,不愿手术,结果在医院挂点滴睡过头,等赶到化妆室时,春来已经要出场。她目送天仙般的徒弟登台,才知道自己的"嫦娥"这一回是真的死了,死因不详,终年四万八千岁。筱燕秋像一具走尸般上了妆,穿着一身薄薄的戏装走进了风雪,剧场内爆发出喝彩声。人们从筱燕秋的裤管上看到了液体在往下淌,"它们落在了雪地上,变成了一个又一个黑色窟窿"。

许多年后我一直在想,小说《青衣》打动人心的究竟是一种怎样的力量。它不尽然在讨论戏曲演员的坎坷人生,不尽然在讨论女人或同行之间的嫉妒,不尽然在讨论男权社会或强权对女性的压迫……它似乎在勾勒一种更为微妙的东西。小说里写"钱这东西不只是时光的长度,还有历史的脸色"。我们女人是最看得到"时光的长度和脸色"的,也看得到"钱"所能堆砌的尘世幻境。

毕飞宇说："有一句老话我们听到的次数太多了。性格即命运。这句老话因为被重复的次数太多而差一点骗了我。写完这部小说（指《青衣》），我想说，命运才是性格。"很有意思。昔日的"嫦娥"固然是筱燕秋对于自我的美化，但始终是她内心真正的憧憬。

对于剧团其他人，对于观众而言，嫦娥只是一个角色；对于筱燕秋来说，嫦娥却是完美自我的投射。筱燕秋不愿意接受替代，也不愿意接受离场，这不是为了虚荣，也不是为了钱，更不是为了爱。她的一根筋卡在了她并没有在日常生活中找到过真正的自己，因而觉得自己可能是嫦娥的化身。这令她在无力回天时挣扎，令她知其不可而为之，令她不怕死。她真的在找寻自己，虽然失败了，但令人敬佩。

不仅是男人会在生活中遇到筱燕秋这样的女性，女性也会遇到，筱燕秋令我想起了一些长辈，她们不屈不挠、自恋自怜。她们绝不是亦舒式的"要很多很多的爱，不然就是很多很多的钱，再不然健康也是好的"。筱燕秋并不需要爱，也不在乎钱，健康是拿来祭奠给"嫦娥"的，眼睛都没眨一下，所以她特别。

"人是自己的敌人，人一心不想做人，人一心就想成仙。人是人的原因，人却不是人的结果。人啊，人哪，你在哪里？你在远方，你在地上，你在低头沉思之间。人总是吃错了药，吃错了药的一生经不起回头一看，低头一看。吃错药是嫦娥的命运，女人的命运，人的命运。人只能如此。"

而毕飞宇令人的深情在于"要让一个东西有意义,只需久久地望着它"。

要让一个女性有意义,只需久久地望着她。看到了些什么,误解了些什么,又错过了些什么,其实也不太要紧。世事沧桑,总有女性还在抵抗。

袁琼琼《少年时》
"父亲据说很疼我"

年初时上海新经典的编辑发给我看袁琼琼的简体版新书《两个父亲》，让我想起三月参加一个文学营，杨佳娴导师偶然介绍了袁琼琼的小说《少年时》，收在了当年我最喜欢的她的一本小说集《自己的天空》里。在我还十分喜欢台湾言情小说的时期，看了不少台湾女作家的书，但我想她们也许并不很喜欢这个定义。我收了袁琼琼的很多书，《沧桑》《今生缘》《情爱风尘》《缱绻情书》《孤单情书》……很多都是在二手书店里。

《少年时》是很好看的小说，令人想起很久以前吴念真编剧的电影《慈悲的滋味》。写姐弟恋，古来有之，《白蛇传》就是姐弟恋，两人相差一千多岁。袁琼琼处理得很细腻。十七岁的大条人很高了，喜欢给自己补习的苏小姐，苏小姐二十七岁。大条第一次觉得人生有点累,"总是这样,连抵抗也不抵抗,就觉得累了。也许是不抵抗使人疲累。甘地是不容易做的"。他总是偷看她,所有奇怪的亲近都像烟。苏小姐跟他说:"反正我认识的人全都结婚。"大条想一下说:"我也许不结婚。"又忽然决定让这个对话有始有终,虽然他生气她总是把他当小鬼,但就连表白的开场都是"你也许觉得我还小……"

苏小姐说:"我老啦。"大条就莫名其妙觉得这话是对他讲的,单独对他一个人。他想了一想,好几个感到人生很累的"突然间"里,他想到她二十七岁,不觉有些泄气,对他来说,二十七岁实在是太老了。有一次他看到她的皱纹,"细细的,眼角底下全有,没关系,他还是爱她",但他又觉得,"她实在是比他大"。后来,苏小姐嫁人了,真的结婚了。大条"在街上也看别的女生,但没有人像她"。

我很喜欢袁琼琼最后的收尾,写大条毕竟有点长大了。"生活里不光只是这些,他变得比较用功。他试着练篮球,毕竟他自己有一流身材。他说话比较多,勇于开口的结果,他母亲不再逼他喝汤。"

真的,我完全不记得我母亲什么时候不再逼我喝汤,但我知道曾有那么一些日子。我现在已经比苏小姐大一些了,有些不好意思看这样的小说了。

这样看起来,《两个父亲》的故事是多么平淡。平淡的"半生"记录,从童年一直写到如今。两个父亲当然是指父亲和继父,我也有，所以觉得有点懂，母亲则是衔接我与他们的桥梁。

关于父亲的死，她写道："我从床与床之间经过，从病人与病人之间经过，看到这世界一切如常，没有任何变化。父亲据说很疼我。在我能够懂得他之前他就过世了。"

关于继父，她写道：

> 有一年我母亲住院，继父来医院探望她，母亲叫我去大厅接他。见面后，我跟继父来了个大拥抱。他那年已经八十来岁，身体非常清凉干净，抱着他时感觉他有种香气，青草似的，阴凉干爽，完全没有所谓的老人味。我印象非常深。
>
> 他过世以后，我有时会想象：在另一个世界，会有一个胖胖的、浓眉毛大眼睛、满脸笑容的男人去见他，跟他说，孙先生，你好，我是袁一。然后这一胖一瘦的两个人会坐下来。继父会与我的生父谈话，告诉他我们是怎样长大的。

而关于婚姻，很长一段时间我都记得袁琼琼在《自己的天空》里写旧情人重逢，女主人公看到旧爱的太太时很想问她，那他现在睡前还不喜欢刷牙吗？

刺刺的话都留给小说了，散文是那么平静啊。

> 我很年轻的时候结了婚。我是我们班上第一个结婚的。因为觉得很丢脸，所以没有告知或邀请任何一个同学。我大

学没考上。其他的同学都有光明未来，而我，结婚了。好像终身已定。生命里不再有任何可能。婚宴上都是男方的亲友，我这一边来的只有我母亲。因为家里那时候开瓦斯行，继父得顾店，而弟妹们也都没有来。因为我结婚的地点在另一个城市。我并不觉得悲惨。

那年她十九岁。这些话写下来对于陌生的人而言毫无意义，对于爱她的人只觉得心疼。对于无动于衷的这个世界，不写也许更好。写，也可以。总之，没有什么好与坏。

愿意与一些书道别是我新近才学习的经验。这令我想起这个闷热的午后，因为颈椎不好不能工作，于是想念了一下袁琼琼。有些书放在心里也很好，束之高阁也很好，万不得已不能随身携带，放弃也很好。在书架上的书无穷无尽并没有什么了不起。在现实里，无穷无尽不过是从最左那一边到最右那一边，从这一面墙到那一面墙，你需要的是长生不老。而记忆是那么有限。在很年轻的时候记得一些故事、细节、人，就是很美好的事。很快就会记不住了。

像袁琼琼自己写过的：

> 记忆其实是当事人在自己千疮百孔的人生里愿意存留下来的东西。每个人用自己的意愿解释自己的人生。有些人留下糖，有些人留下盐。盐也是泪水和汗水，以及血的滋味。

威廉·特雷弗
"我也不是想让你们认为我不爱丈夫"

在《巴黎评论》的采访中,威廉·特雷弗曾说:"短篇小说是'一瞥'的艺术。如果将小说比喻为一幅文艺复兴时期错综复杂的绘画,短篇小说就是印象派绘画。它应该是在一个瞬间展现出来的真相。"

这样的"一瞥的瞬间",在特雷弗的短篇小说中不胜枚举,行文中不断闪烁的真相,就像是冰山一角的撞击,令读者目不暇接又心生畏惧。无论是《坐对死人》中说出"我也不是想让你们认为我不爱丈夫"的妇人凯瑟琳,还是《电话游戏》中描述一场喜宴之前的单身派对时,特雷弗所写的"这些人的友谊比他们之间的感情更长久"。葬礼与婚礼,这些小镇生活中必然的大事件,在特雷弗的笔下总是显得布满疑云。他自己都在小说中调侃,"电影院、葬礼、婚礼,都是入室盗窃者最喜欢的"(《三人行》)。而特雷弗小说中大量对世俗生活的素描,其实与"入室盗窃"的窥视无异,他精挑细选,撷取了这些普通得不能再普通的人物的内心生活,把他们内心黑暗的秘密照亮。

这可能与特雷弗喜欢阅读惊险小说有关系。他对"变化"极其敏感,也十分熟练地捕捉"不安"。他曾这样描述自己所亲历的爱尔兰,"那儿的冬天下雪,现实改变得很快。老的价值观与这些变化混成一个令人着迷的混合世界"。在小说《教士》中,他的感受更是直言不讳,因为比起外部世界的变迁,人们的内心景观已更加面目全非:"城镇上参加弥撒的人甚至不及前几年那么多了。在城镇里,结婚都懒得办婚礼,忏悔和赎罪也都敷衍了事。"但特雷弗并不热衷对这些事作价值判断,在特雷弗的笔下,仿佛这种国家、社会大型的变化与家庭内部私人的变迁是同等的。他只是看似无意地提了一笔,一个教士在报上看到另一个教士娈童,这件事留在了他的心中,悄然占据了一席之地。

小说《哀悼》中差点到城区投炸弹的青年忐忑地回到家乡,表面上什么事也没有发生,但"布洛根太太知道他没说实话,因为她对自己的孩子有一种直觉"。布洛根太太觉得自己的孩子也许恋爱了,四两拨千斤,就这么把惊涛骇浪平息过去了。《低谷星期日》中,特雷弗巨细靡遗地写战后人们的日常生活,汤姆"虽然远离战场,却忍受着肉眼看不到的创伤所带来的痛苦。因为他回来时她的笑容与平日不同"。总之,无论是战争、革命、宗教、罪案，特雷弗最终都将之还原到人的日常生活中。但特雷弗坚信经历过这些煎熬的爱尔兰人，即使表面上没有任何情绪变化，他们的内心却难以复原至悲剧发生以前。只有与他们最亲的人每天都见证着这种极其幽微的变迁。

记得哈金在出版《南京安魂曲》时，曾说过一段有趣的话，他说"南京大屠杀"的资料非常丰富，但"南京大屠杀"之后那一年南京人是怎么度过的，他找了很久发现记录极其稀少。写小说的人都知道，这种经验的匮乏所带来的焦虑不亚于史料遗失。从表面上看，特雷弗喜欢布置大量世俗生活的细节，并从中打捞出极短的对话和预言，他本来可以将这些闪光点无限展开，成为一种严肃的观点，但特雷弗显然对这种表达方式毫无兴趣。反而，恰恰是这些极短对话和预言，成为特雷弗短篇故事的核心。他并非沉溺于世俗生活本身，相反他重新定义着被正史所轻视的生活史，被"重要的人生"所遮盖的"普通的人生"在时移世变中日复一日地度过。他认为这些事、这些人很重要。

我最初喜欢特雷弗的小说，是因为《钢琴调音师的妻子们》，收入在《雨后》这个小说集中。标题就特别"特雷弗"，我们不知道为什么妻子是复数，且需要以标题的形式出现在小说之首。而小说还为这种令人浮想联翩的画面增添了更多的限制，那就是钢琴调音师是一个盲人。故事从表面上看写了一位盲人钢琴调音师与他第二任妻子相濡以沫的新生活，但事实上，这段数十年的爱恋一直是以三个人的形式隐秘相处着，直至盲人的第一任妻子死去，第二任妻子贝尔才终于夙愿得偿。往后的生活，贝尔似乎是用着妄念与蛮力努力颠覆着她的幽灵情敌为她的丈夫所描述、塑造的世界。因而我们所见到的真相是一个盲人心目中的原始世界被女人的占有欲连血带肉地摧毁，带着情感强力，做着危险的复仇，与逝去的时光顽抗。

特雷弗似乎很喜欢"三人行"的故事结构。不管这第三个人是活着还是死了。收入《山区光棍》中的《三人行》也是一个差不多结构的故事，发生家变时，女儿刚好在电影院和男朋友谈恋爱，没有人知道女儿有男朋友，真相因此显得扑朔迷离。这种"真相"在犯罪小说中是最重要的，但在世情小说中，只会成为看不见又甩不掉的巨大压力。而家庭重大变故发生之后，两个年轻人反而没有办法好好在一起了。"一步一步，时间磨掉了父亲可能会有的任何成见……但是薇拉也知道，没有了父亲，他们会让对方感到害怕。"

特雷弗也喜欢写友情，《友谊》写女孩子结婚之后就没办法好好做朋友，这件事普通到简直不值得书写，因为我们的男朋友总觉得闺蜜从未在我们的恋爱中起过任何正面的作用，这样的事太常见了。但特雷弗却回避直接描写丈夫提出这个建议的场景，他将整个飞旋而过的生活漩涡最终的落脚点放置于女人间数十年的友谊：它竟然如此不可靠。和《钢琴调音师的妻子们》一样，特雷弗揭示了一种因为太过日常反而不被说破的真相，那就是打着"爱"的名义的破坏。

《生意上的朋友》中描述一对模范夫妻，铺陈了大量美好的生活细节，但特雷弗最终熟练地镶嵌了一段评论，"中年生活的主旋律是互相迁就和让步；婚姻占据优势，并最终获胜。经历了战争，熬过了三伏天的倦怠，如今的爱情似乎比以前更牢靠了……他们曾经有过一次流产，詹姆斯和她自己从来不提；活着的几个孩子都不知道"。这里每句话都充满了故事，他又不明说。《生意上的朋友》中描述了一个"拿不出手的朋友"的暗恋心境，在一场愉快的聊天过后，特雷弗写道："多年的交往看来已经结束，生活格局发生改变，友情难以为继……他们这位拿不出手的朋友不会来了，一次也不会。因为他不开车，因为没有意义，因为太痛苦了。"

我很喜欢他写"因为他不开车"这一句，这实在很"特雷弗"。在我并不丰富的生活阅历中，我知道许多人都是这样来理解和处理生活的难题的。有的人再也没有在我们的生活中出现，他曾经和我们那么要好，有人说了一句"也许是因为他不开车"，我们就不再追问真相了，与其说真的是这样，不如说大家都希望是这样。追问"没有意义"，因为真相"太痛苦了"。正因懂得生活的艰难，我们甚至无法不对这样的装聋作哑选择包容。"汤姆之所以忘记，是因为——他推测——是因为他想要忘记。"（《低谷星期日》）这样的事，谁没有经历过呢。

特雷弗的人物们让我们相信，那些不起眼的普通人其实"并不糊涂"，无论是对于国家大事，还是对于人的死亡，普通人有自己的面对方式,这种面对可能和我们的想法一样,有时也与我们作对。特雷弗对人物内心的洞察与追索,令作为读者的我们不得不反刍他对于人世艰辛与欠然的认知与关怀、慰藉与无奈,是出于何种宽宥的情怀。即便面对伤痛我们什么都做不了,正如他自己所写:"随着每一天过去,往事都退后一点;而那些尚未耗去的时光,仍是那样令人胆寒。"

《雷雨》
"我真希望他再让步一些,把雪里搀上点泥"

在硕士班念书时,我听现代文学的教授讲过一句话,印象很深,他说"本质上五四的文学都是青春文学"。"青春文学"这个词,是当代的说法,针对的是十九年前"新概念作文大赛"之后兴起的少年作家风潮,如今大家耳熟能详的新世代作家,许多都是其中诞生的。近来已经没有什么人这么说了,年轻人写写东西终于被视为十分寻常的事,网络时代更是不稀奇。但在当时,我们作为学生,好像很难将"青春文学"与"鲁郭茅巴老曹"这些现代文学的大亨们联系在一起。那些老先生们,仿佛一出手就是老到的,是大家风范、经典之作。但教授这样说,倒是引起了我的很多共鸣,我还记得我们在课堂上讨论《雷雨》,老师说,你们留意一下周萍的年纪,他很有可能是参加过五四运动之后回来

新　腔

和他的继母蘩漪相爱的。

　　《雷雨》是一个很有趣的文本，一直作为"五四以来优秀剧目"被立为舞台典范。但2014年，《雷雨》的公益场演出却遭到了学生观众的笑场。所谓的"公益场"，其实就是以四十元或八十元的票价售票，剧场和演员们都不以营利为目的，主要观众是学生。据说当天学生们此起彼伏的笑声令台上的演员十分不适应，更何况那次排演是纪念曹禺先生《雷雨》发表八十周年，影响是很大的。今年某次开会时，我还听一位沪剧演员说起这件事，"他们讲话的节奏已经适应不了现在的年轻人了"，他分析道。《雷雨》也是沪剧传统剧目，我从小看到大，大部分唱词都能背下来。那位演员从周冲演到周萍，如今的上海沪剧团团长，也是从当年的四凤演起，如今演到了蘩漪。之所以这么提起，是因为后来相当长一段时期，戏剧学院就是按照《雷雨》的演员人设招生的，周朴园、周萍、周冲、鲁侍萍、蘩漪、四凤，男女都是老中青三代，仿佛京剧里的老生、青衣、小生、花旦，是一种传统，《雷雨》是许多班级的毕业大戏。可是戏剧学院招生的老师说，如今全变了，因为招生时找来的都是周萍、四凤，半个班周萍半个班四凤，小品都没法排。

　　时代似乎给"那年的青春"出了很多难题。但这种"难"也并非当下才有的困境。据说巴金发表《电》时困难重重，《电》是"爱情三部曲"之一，写的是一群无政府主义者，当然都是年轻人的生活状态，因为悲观失望又有自毁的使命，于是年轻的生命一个个像闪电一样消失。这与后来学界更爱提到的"家庭三部曲"是很不一样的写作风格。老舍曾经专门为《电》写过一篇书评:"这篇不甚长的东西——《电》——像水晶一般明透,而显得太明透了。这里的男女太简单了,太可爱了,可这毛病都坏在'太'上。这篇作品没有阴影,没有深浅,除了说它是个理想,简直没法子形容它。他的笔不弱,透明到底;可是,我真希望他再让步一些,把雪里搀上点泥。""把雪里搀上点泥"作为一种"让步",是很有意味的。巴金中年以后很少提到"爱情三部曲"。而同为小说家的老舍,说"理想""没有阴影,没有深浅",拿到文学之外来看,也是意外深刻的。实际上"青春文学"总与"爱与死"脱不了干系,正是它的动人之处,所谓"明透""太明透",那无关人生要义,非此即彼。现在的年轻人不喜欢,并不是因为他们不好,而恰恰是因为,他们把老舍评价的"太"去掉了。

开年里回上海看了一场大戏,越剧《甄嬛》,也就是绍兴戏,没想到意外地有趣。从漫长的电视剧浓缩到五个小时的舞台表演,令各怀鬼胎又陷入宿命的角色们有了一点"群鬼"的现代意味,比电视剧要反讽得多。易卜生笔下阿尔文夫人说的话:"我眼前好像就有一群鬼。我几乎觉得咱们都是鬼……不但咱们从祖宗手里承受下来的东西在咱们身上又出现,并且各式各样陈旧腐朽的思想和信仰也在咱们心里作怪。那些老东西早已经失去了力量,可是还是死缠着咱们不放手。"字字句句都带着沉痛,一百多年后来看依然醍醐灌顶。我以为越剧《甄嬛》的青春性,除雪中搀泥之外，那些年轻的生命更多了取舍的早慧。成年人都了解，早慧未必是好事，早早地牺牲虽然是永恒动人的，早慧却如电卷风驰、各自上车的狠心、理性，是对于光明路的失信，是对于脚下尘、断肠人的熟视无睹。犹如《后西游记》中被野狐禅掳去的上善国皇太后，日日念经渴望成佛，把自家佛楼叫作"待度楼"，后唐长老劝她"佛即是心、心即是佛，要待谁度？这待度楼贫僧与你改作自度楼。"死缠的"老东西"依然在，但"待度"到"自度"的调节，却是又一代人的青春了。

所以正如五四的文学像极了青春的文学，"五四精神"在我看来的确就意味着一种"青春性"。青春性则必然有其"明透"的地方，也有其破坏性，但终究是可爱的。这种可爱又是站在可爱对面的阴影里欣赏的。它可能像一个失恋的人终于想起了一个失过恋的人，或一个因为声带感染而暂时失声的人想到了那些永远无法发声的人，充满偶然、同情与各种不稳定的"爱与死"的联想。它离真正的信仰终究有一段距离，因信仰经受着更严酷的检验，教我们为何忍耐，如我们必然问全知的上帝，为何让我们受苦，为何让善良的人陷入矛盾。青春文学只负责发问，却不解决这些问题，"五四精神"期待升华。茅盾也评论过《电》，和老舍一样"意外的"深刻。他说："然而作者的热情喷发却处处可以被人感到。这里有活生生的青年男女，可是这些活人好像是在纸剪的背景前行动——在空虚的地方行动。他们是在一个非常单纯化了的社会中，而不是在一个现实的充满了矛盾的复杂的社会中。"

但总而言之，我喜欢《雷雨》也喜欢《电》。就像我看到越剧《甄嬛》时的惊讶，那是远远超过电视剧专为广告而服务的策略性跌宕。因为我似乎看到了一种深情的"太简单"，以及简单的"太紊乱"，都是久违的。我记得洪子诚在《阅读经验》中写过一段话：

> 在这个悄悄到来的时代夹缝中，即使你并未特别留意，"变化"也能够觉察。日子变得有些缓慢，心情也有些松弛。不再有无数的场合要你表明态度、立场。你为过去居然没有留意冬日夜晚湖面冰层坼裂的巨大声响而惊讶，你开始闻到北京七八月间槐花满树的浓郁香味。你有了"闲适"的心境倾听朋友爱情挫折的叙述，不过还没有准备好在这类事情上进行交流的语言。你经常有了突然出现的忧伤，心中也不时有了难明的空洞的感觉。

洪子诚写的是1960年的"间歇期"——"大跃进"——还是昨天的事情，但在心里仿佛已变得有些遥远。而另一次以"文化"命名的"革命"，则还没有降临。故而那是离奇的忧虑，为闲适所隔，是被危机所逐步溶解的私人感知，又松弛地做着"待度"的浅梦。然而一切都是残酷的，二十世纪裹挟着多少苦难尘埃落定。鲁迅先生说的人生最苦痛的是梦醒了无路可以走。做梦的人是幸福的；倘没有看出可走的路，最要紧的是不要去惊醒他。

他自会醒来。

时代似乎总是给"青春"出难题。但这种"难"也并非当下才有的困境。舞台上"人生最苦痛处"的《雷雨》与台下朗朗笑声的对峙,没有任何外力的干预,却是光阴,是过往无尽年轻的生命,是新的青春的不理解。

是萧萧杨柳,漫漫芙蓉。

樋口一叶《青梅竹马》
"爱情早夭是生来注定,真心却那么罕见"

回到学校工作最大的好处,是仿佛又回到了青春故事的现场,每天都可以见到活泼的年轻人。母校当然有一些往事的痕迹,深深浅浅,更重要的是,还有新的故事正在发生,新的遗憾正在酝酿,新的酸楚还没有被真正领会。用一句从前的歌词来应景,"在你我相遇的地方,依然人来人往"。新年新世,最容易让人想起从前。

比起朋友圈纷繁友好的节日文化,心里的年节反而随着岁月显得愈发凝重起来。有时随口跟别人提到一些琐碎的事,譬如小时候的冬天,我们小孩子是要帮外婆绕毛线打下手的,图画书上的猫也一直在玩毛线球,但是现在毛线球都看不太到了,猫就只能玩布做的鲤鱼。以前的车窗户,也要用手摇,一圈又一圈,不是自动的，在冬天摇车窗会发出"咔咔咔"的声音。上海冬日苦寒，温暖的记忆却也数不胜数，可惜都逝去了。

最近重读樋口一叶的小说《青梅竹马》，非常感动。我很喜欢这部小说。那在我心里正像一种"新年"的面貌。有皑皑的雪，又有红彤彤年轻的心意。早年周作人推崇樋口一叶，将她与民国女作家比较。在我心里，樋口一叶笔下的女孩子，倒是和王度庐小说中的女孩子很像。一样勇敢、真诚、卑微，作家的同情与这些女孩子令人感伤的身世捆绑在一起，显出婉切的柔软心肠。《宝剑金钗》里俞秀莲雪中追李慕白的一段，银色的天地被她一个人占据，四下观望，什么也没有，正如她的身世一般……而面对未来，面对热望的那个人，永远没有确凿的结果，只是尽情凝睇，只是空手而往。

《青梅竹马》的故事说的是一个注定要出家为僧的十五岁少年信如，和一个注定在未来要追随名妓姐姐在"花街"卖笑维生的十四岁少女美登利，两人之间微妙的情愫。有一天，信如想去看一眼美登利，于是来到了她家附近。不想木屐的绳子偏偏断掉了。美登利看到了这一切，她十分紧张，又怜又怨，最后鼓起勇气假装不经意地把一根红色绸条甩到信如脚边。但信如因为自尊，不愿拾起来，头也不回地离开了。美登利心下一阵难过，她以为那是信如的"恨"、是男性的"冷漠"。她看不到的真相是，"信如心里不禁一动，不知怎的一阵无名的哀愁突然涌上心头，他只是呆呆望着绸条，也没有把它拾起来。他知道自己笨手笨脚，不知道究竟什么时候才能把木屐修好……于是他只好站起身来,把小包袱挟在腋下走了两步,刚离开大黑屋门口,那红友禅的绸条又映入他的眼里。他依依不舍地望着绸条……"他还是没有勇气去捡起来,也不知道自己为什么没有这种勇气回头。绸条没有将两人的心意连在一起,却把人的哀怨留在上面,孤单单地躺在格子门外的泥地里。

《青梅竹马》的结尾,是在一个下霜的寒冷的早晨,不知什么人把一朵纸水仙花丢进大黑屋别院的格子门里。虽然猜不出是谁丢的,但美登利却怀着不胜依恋的心情把它插在错花橘子上的小花瓶里……日后,她无意中听说:在她拾花的第二天,信如为了求学穿上了法衣,离开寺院出门去了。爱情早夭是生来注定,真心却那么罕见地出现在两人命运的开端,这种开端多像美好又静荡荡的一年之初,"昨天的悲哀终究属于昨天,如今不得不过繁忙的日子的他,自然而然地把以往的各种回忆抛在脑后了"这样的感受,是多么熟悉啊。

我考研那年冬天特别冷,笔都写裂了,发抖着走出考场的时候,买了一个全家福鸡蛋灌饼,身体才重新热乎起来。当时也不知道考得怎样,也不知道未来会怎样,一切都是迷迷糊糊又快乐的。这种迷迷糊糊的快乐回忆起来真是不可思议,又难以言喻。

前几天聚餐聊天的时候,我有个朋友讲了个故事。他是学计算机的,大二的时候,他在寝室里养了一只兔子,有个女生对他说,我有胡萝卜哎,我来帮你喂吧。他说,我自己的兔子我自己喂。你有胡萝卜,你缺兔子是哇?我告诉你哪里买……

研二的时候,他突然想起这件事来,为什么她会有很大一袋子胡萝卜,却没有兔子呢?

村上春树《没有女人的男人们》
"有时候失去一个女人也等于失去所有的女人"

《没有女人的男人们》像是一种命题作文的回应。村上春树以他的讲述方式，来诠释失去女人连带着失去一部分自己的男性，如何从容地为孤独、自怜找寻到一个合适的容器。在中国人还在热切讨论着"剩女"及其相关价值之时，村上春树似乎已经行云流水到了"剩男"的前沿议题。更精确一点说，他笔下的那些男人可不是浪荡、直男癌的单身狗，而是被神秘命运所"剩下的"、"精致的"、爱过以后又怀抱着诸如"自己或许不值得被爱吧"以及"可能真的没有一个谁可以再让自己热切地相信了吧"之类喃喃自语的独身男子。他们过着一种近似"行者"的情感生活，习惯孤单一人，却也不尽是没有情人相伴的模式。他们对女人富有充沛的想象力，又佯装淡定，好像克服一切突如其来的情感打击都能沉稳有致。那仍然是都会的、私人的，是创伤记忆，也是仰赖意志力的碎片断想。他们有时无法原谅自己，有时无法重建信心。在大量的独白中，告解着内心深处的失落与哀愁。

《驾驶我的车》写舞台剧演员家福处心积虑接近妻子生前外遇的对象，并与之结为挚友。那是随着死亡突袭，只得深深掩埋在心里的黄连。却通过女性驾车这件事演绎家福细密心思的跌宕变迁，因为女人开车时，他总能感到她们身上带着一种莫名的紧张感，能感到空气中弥漫着一种"怕是无法顺利到达终点"的不祥气息。《昨天》描述一个纯情男子热恋着他青梅竹马的女友，却无法拥抱她的肉体。《独立器官》写了抱持独身主义的整形医师，总是挑有夫之妇交往，以为这样的方式不会造成负担，直到有一天他遇上了一个"下定决心不要太喜欢，却又希望不要失去"的女人，稳稳行走的钢索开始剧烈摇撼。《木野》里的谜团，酒吧的常客，闹事的黑道，象征性意义的蛇，和一直没有结束的雨季，仿佛村上春树说的不是故事，而是一类男人的处境；不是命运，而是他们活着的状态、他们安置于世界的取景框。

村上春树说："有时候，失去一个女人也等于失去所有的女人。"但这极可能是因为，在那一段算不上青春的日子里，主人公们既没有可以温暖身体与心灵的恋人，也没有可以掏心掏肺倾吐心声的朋友。每天既不知道做什么才好，却又安然度日。内心巍峨的"失去"，外观却不愿意流露一点痕迹。哪怕整个星期没有和一个人说过话，也不过是在身心内侧留下淡淡的年轮。可这样的情感命运，真的与某个女人有关吗？似乎也不尽然。一切可能是因她而起，甚至更明确说是因她的背叛、消失、无爱而起，但终究与自我命运的欠然最为相关。也就是说，你是怎样一个男人，你在她心中是一个怎样的男人，决定了你是否值得被遗忘、值得被失去。这是村上春树似的情感逻辑，充满内省，十分严酷。

《没有女人的男人们》中的主角说："成为没有女人的男人们，到底会有多么痛苦呢，到底会有多么忧虑呢，这只有没有女人的男人们自己懂得：清爽的西风业已逝去。十四岁永远地——大概接近十亿年的悠长时间——被夺走了。永久地聆听着水手们忧郁痛楚的歌声。和菊石、腔棘鱼一同潜藏在幽暗的海底。在半夜一点给某人的家打去电话。在半夜一点接到别人打来的电话。在知与不知的中间地带等待着从未谋面的对方。一边检测轮胎里的气压，一边泪洒干燥的路面。"

"一边检测轮胎里的气压，一边泪洒干燥的路面"，这本就是人类情感生活的原相。村上春树的男主人公们最爱说"会发生这样的事也是没办法的"或者"此时我到底想要表达些什么呢，连我自己都不甚清楚"之类的自我安慰。但自尊心及羞耻心的巍峨崛起，居然覆盖了本应坦明流露的愤怒与嫉妒。他们每一位都看起来那么不在意，却是因为实在太在意，只得认认真真检测轮胎的气压，认认真真也去小酒馆寻个欢，认认真真以为死亡就能平息心中全部的创伤，殊不知"孤独的色彩就会沉沉地浸染到你的身体里，就如同色调浅淡的绒毯上洒下的红葡萄酒污渍。无论你拥有多么丰富的家务知识,要想清除掉那些污渍都是极其困难的事。虽然随着时间的流逝,污渍的颜色多多少少会褪却,但是那些污渍恐怕直到你断气,都会作为污渍残留在那里吧。你只能与这种色彩的缓慢褪变一起,与它多重意义上的轮廓一起,生活下去"。

任何过往都是无法"清污"的。情欲的非理性更是为创造污点提供了无限便利。你只能与之缓缓相处,在不得已与可谅解之间不断挖掘感知的限度。刻画人的处境,让不可遇的男女在小说中正面相遇,让尴尬自呈为尴尬,让压抑自呈为压抑,是这本悲伤故事集最为动人之处。

马里奥·普佐《教父》
"友谊"的建构

重读马里奥·普佐的小说《教父》，觉得很有意思。老教父考利昂在小说开篇就表明自己为人处世的态度，"他对谁都有求必应，不提出示弱的借口说什么世界上还有比他更强大的力量在束缚他的手脚。你没有办法报答他，也无关紧要。但有一件事是必不可少的，那就是你，你本人，宣布对他的友谊。考利昂会把他的苦恼放在心上，为了解除这个人的忧愁，他不会有任何顾忌。他得到的报答呢？友谊"。

而后，小说里出现了六个需要他帮助的人，西西里人在女儿结婚的那天有不能拒绝别人要求的风俗。老考利昂将这些人曾经或未来寄存的所谓"人情"以预支的方式加以兑现。他执意为这种明确的"交易"命名为"友谊"，小说之外的我们，很容易就能感觉到这种"友谊"不过是一种优雅的说辞。好像他总是彬彬有礼地表示"我会提出一个他不会拒绝的要求",最后却用枪顶着别人的脑袋一样。但《教父》中"友谊"的建构不断加固着老考利昂的权力体系。他并没有依靠威胁,甚至不通过购买,而是依靠权力本身的"吸引力"(庇护作用)获得人间"友谊"。这里面没有什么述"情"的志向,有的只是对于理性和忍耐力的推崇。

我们会发现,越是黑帮故事,越是强调友谊。《教父》的"友谊"是提纲挈领式的,是刻意建构的所谓社会秩序。《教父》说的并不是一个友情故事,它也不是专门讲帮派打斗的,它甚至有人性的一面,尤其从麦克的角度来说,有很强的成长小说的味道,好像说的是一个在父权阴影下曾经善良、叛逆的翩翩少年,如何一步一步成为"真正的西西里人"的故事。家族亲情的不死不弃,基因力量的顽强,要远远胜过所谓呈现"友谊"的企图心。

我们中国人最熟悉的友谊的建构方式是"不求同年同月同日生,但求同年同月同日死"。刘关张桃园三结义,又或是伯牙、子期高山流水式的友谊,追求抽象无形的"知音",其实也是沉醉于内心的牵挂。不知道美国文化里有没有所谓"义气",《教父》中我们看到了西西里家族对于美国秩序的抵抗。使得他们建立的"友谊"浮现出真相时,真正打动人的却是所谓"一个人只有一个命运""不要让别人知道你的想法",这些"意见"均指向孤侠,而不是"交换"而得的信任和情义。相较电影《美国往事》中呈现的男性秩序则表现为友谊名义下的争夺，争夺的结果，居然是无耻之尤总是忘不了侠肝义胆。他们的友谊通过背叛和丧失而壮丽地呈现出来，与此同时，友谊也表现为一种牵挂与永诀。

如果我们还记得，会发现与教父类似的关系建构似曾相识。继承遗产后的简·爱以一万五千英镑确立了与圣·约翰一家的亲情。简·爱对圣·约翰说："我已经下定决心，要有一个家和几个亲戚……部分地报答深厚恩情，给自己赢得终身朋友的乐趣……而你却根本想象不到我多么渴望兄弟姐妹的爱。"稍微理性一点的圣·约翰表示质疑："简，你所渴望的家庭联系和天伦之乐，除了用你考虑的方式之外，你还可以用其他方式获得啊；你可以结婚。"但简·爱固执己见，不耐烦地拒绝了。简·爱也在命名人的关系，命名"亲情"和"友谊"。

我们在日常生活中也要建构"关系"，人与人大部分关系也表现为一种温和与友善的"交换"。老考利昂会告诉你他懂得社会上常常会有突如其来的侮辱，那是必须忍受的。而这种侮辱，多也会打着友谊的名义。这样的感受我们很熟悉。有时什么重要的事情都没有发生，也没有一个正经做错事的人，侮辱却会在清晨或某个忙完的深夜里不期而至。这意味着，交换游戏神秘地失败了。

友情的落幕虽不至于令人胆寒，想起来却多少让人伤心。

新 腔

斯蒂芬·金《尸体》
"但世事就是这样,有的人会沉沦下去"

去年《南方周末》上有一篇报道采访哈金,他提到在美国的学院里,在创意写作课堂,"如果邀请J. K. 罗琳、斯蒂芬·金这些作家到学校来朗读,麻烦就大了——那是很丢人的事情"。很多年前我采访过哈金,但当时并没有想到未来我也会成为创意写作专业的教师,不然就能多问一些有趣的问题。譬如关于"丢人"与否的尺度,我们要如何树立坚硬的内心准则。

斯蒂芬·金有一篇小说叫《尸体》,其实我很喜欢。故事写的是四个一心想成为英雄的十二岁少年,相约离家去寻找一具被火车撞死的男孩尸体。他们从新闻里知道这场事故,以为找到尸体就可以大出风头。四个男孩子的原生家庭都有这样或那样的问题,不是家暴就是身体缺陷等等,他们在点点滴滴的互相嘲讽与安慰中踏上旅途。在谈论到某个男孩子的父亲时，小男孩哭了，"让人无情地辱骂他父亲为疯子，他才发现原来他父亲在大家眼中竟是如此……这使他心中大恸，但这改变不了什么"。整个旅途中，斯蒂芬·金写了大量男孩间的琐事，他们遇到的危险也可想而知，被狼犬追逐，或陷入布满巨无霸血吸虫的沼泽地。他们在恐惧的哭泣中互相为对方拔掉身上密密麻麻的血吸虫，这是他们沿路历经的最大一场风暴。直到他们真的发现了那具尸体时，出现了另一伙男孩。两组人马为了争夺先发现尸体的功劳大打出手，此时有个孩子拔出了一把枪……恐惧令这四个男孩第一次在对方眼睛里看到了成人的神态，但以他们当时的年纪还不知道这场经历对他们的人生意味着什么。

尸体后来被警察发现，因为来自问题家庭，四个男孩从出走到回家并未引起家人太大的注意。因为经历了真正的恐惧，他们很有默契地保守秘密，像男子汉一样若无其事地继续上学。直到有天放学，他们看到了那伙大孩子在等他们。被报复性地殴打之后，他们仍然咬紧牙关，没有说出这段寻找尸体的经历。斯蒂芬·金笔锋一转，突然写："在正值壮年，甚至年轻得还不够资格当总统的年纪，我们四个人之中却已经有三个不在人世。"

他们像男子汉一样沉静忍耐，守着一个其实外人也感知不到有什么了不起的秘密。但大家似乎都很默契地知道，有些事开始变得不太一样。四人中的两人后来加入了别的"大孩子"团体，从勇敢的男孩子，一点一点变成别人眼中的败类。而叙事者则成为一个职业作家："这种事随处可见，有没有注意到，朋友在你生命中进进出出，好像餐厅中的侍者来来去去一样。可是每当我想起那场梦，想到那两具尸体正用力拖我下水的时候，我就觉得这样也好。有的人会沉沦，如此而已，并不公平，但世事就是这样，有的人会沉沦下去"。

最恐怖的事还在后头，三个朋友陆续因为意外离开人世，因为车祸、火灾。而和叙事者最要好的朋友，一个他不愿意任之沉沦的少年伙伴，于波特兰餐厅被刺殒命。知道这个消息之后，"我驾车到郊外，停了车，为他哭泣；我猜我大概哭了将近半个小时，虽然我们夫妻感情甚笃，但我无法在太太面前哭泣，否则就显得太软弱了"。

《尸体》在1986年被改编成电影《伴我同行》，故事的主题被凝练为"后来我再也没有交过像我十二岁时那样好的朋友了"，而这段深刻的友情故事，却缘于一具尸体。小说里写道"最重要的事情往往也最难以启齿"，其镜像问题，另一种 what if 的可能性，或许是要是"最重要的事情已经说出来"了，又会怎样？

斯蒂芬·金的《尸体》让我想到托宾的小说《长冬》，另一个由"尸体"牵引出的心灵故事。母亲在风雪里走失之后，她的家人连续两个月每天如故地经过她躺的地方，但她身上压着冰，阳光又照不到，于是她的尸身要一直躺在那里直到冰雪融化。这里面有很多被淡然处理的部分，比如母亲似乎心事重重，有焦虑症，在小儿子霍尔迪离家之后更加严重，大儿子米盖尔知道这些，"但他一直不允许自己把这词给说出来"。母亲消失前去了菜场，热热闹闹，做饭买东西，也谈一些琐事，但还是说了奇怪的话，"我后悔，母亲静静地说，认识你们，这屋子里的人"，那就是丈夫和大儿子。然后母亲就哭了。小说里的母亲是个酗酒者，父亲把她的酒倒掉了。因为母亲一直哭泣，所以儿子就说那么我们去把丢掉的东西买回来，他不愿意提到"酒"这个字，只说"她要的东西"。父亲拒绝了，然后母亲就不见了。

在寻找母亲的过程中，小说里弥漫着"沉重的沉默"。"当村子里一个女人失踪在雪地里，他们却闲在屋里，或是干着轻松的冬天的活。于是整个上午，他们都沿着母亲必经之路仔细前进。"两天过去以后，他们都知道母亲已经遇难，村子里人带着他们父子一路无谓地搜寻，是为了把他们拖出冰冷的现实，行进就是为了让他们慢慢接受这个新的现实，而不是整天等在空荡荡的家中，既无事发生，也无话可说。它超拔出了些什么意义呢？"雪，望之一片纯洁无瑕，几乎可用美丽来形容，完全没有害处，而它危险的本质却隐藏在空白的表层下。"小说的后半部分，托宾用警惕抢尸的秃鹫出没的意象，来支配叙事的节奏。雪融之后，儿子奋力要在秃鹫吃掉母亲之前找到母亲的位置。儿子对母亲死亡的哭泣也到来得很缓慢，在一次打猎后，他们和狩获的野猪尸体一起回家，"这些肥壮结实的穴居动物不久前还是这个冰冷黑暗世界里最强的动物，但现在完全不行了……雪地上留下一路血点子，偶尔拖车往一侧倾斜，淌下的血让血点变成厚厚的红色小坑……他第一次有一种尖锐的确定感，母亲消失了"。他没有见到母亲的尸体，但悲伤汹涌而至。

这是"小说里的尸体"建构的两种可能方向，友情与亲情。

《简·爱》与《呼啸山庄》
"因为我的缘故,你们现在非做朋友不可"

伍尔夫在《普通读者》中有一篇著名的文学评论,关于《简·爱》与《呼啸山庄》。伍尔夫提到:"在《呼啸山庄》里既没有'我',也没有家庭女教师,又没有雇主。那里面有的是爱,但不是男女之间的那种爱。"这话说得很有意思。记得许多年前,王安忆在《心灵世界》的讲稿中,也曾提到过《简·爱》。她提出一个问题:"如果简·爱是漂亮的,甜蜜的,妩媚的,和顺却遭受不公平对待而委屈的,那么就又是一个灰姑娘的故事了。"

故而"美貌"这件事,无论是在《简·爱》这部小说中,还是在女主角简·爱心中都有十分重要的表现。如果我们对小说进行仔细重读,会发现简·爱从童年开始就对他人的外貌有着近乎苛刻的标准。她经常说别人长得丑,她在小说里的出场年纪是十岁。十岁的简·爱,看到的世界是什么样子的呢?善良的药剂师劳埃德、劳渥德义塾的布洛克尔赫斯特先生以及罗切斯特、格莱斯,她对他们的描述都是非常直接的——"长得难看"。而她借别人对自己外貌的描述,形容得就很间接了,"你长得不很高""你小时候可不是个美人""你也长得不美啊"。简·爱第一次见到罗切斯特先生的时候,她索性宣称"我几乎从来没看见过一个漂亮的青年,一生中也从来没同那样的人说过话。我对于美、文雅、殷勤、魅力抱有一种理论上的崇敬"。这一幕也很值得玩味,因为通过心理描写,她目测罗切斯特三十五岁光景。而在后来,菲儿费克斯对他们的相爱表示反对,认为"你们年龄又相差了二十岁"的时候,简·爱反击"罗切斯特先生看上去和实际上都跟有些二十五岁的男人一样年轻"。这里面隐藏着十岁的袒护,她连带着不英俊的罗切斯特先生一起因自卑而傲慢起来。"美貌"的缺失居然可以令小说的通俗性大打折扣,显出一些精神力量来,可能是《简·爱》无心插柳的成就。

以往我们对于简·爱形象的认知,都来自于她的一段著名讲话:"……我现在跟你说话,不是通过习俗、惯例,甚至不是通过凡人的肉体——而是我的灵魂同您的灵魂在对话,仿佛我们都经过了坟墓,站在上帝的跟前,彼此平等——是的,如此平等!"但如果我们仔细爬梳长相在《简·爱》小说中的权重,也许会发现脸部平权恰恰是简·爱反抗精神的重要表现。

而"美貌"这件事,到了《呼啸山庄》中,则又展现了别开生面的检验向度。

记得去年英国书屋剧院来上海演话剧《呼啸山庄》时,当凯瑟琳讲到"因为我的缘故,你们现在非做朋友不可",台下是有人笑的。那台话剧中,耐莉的作用不大,但耐莉在小说里扮演的角色还是很重要的,是一种时时刻刻的提醒。耐莉基本上说清了故事发展的原因和走向。

凯瑟琳在婚前,曾经找耐莉谈话,那段谈话很有意思。凯瑟琳不知道自己应不应该嫁给埃德加,耐莉说:"你爱埃德加先生是因为他漂亮、年轻、活泼、富有,而且爱你。最后这一点,不管怎么样,没什么作用,没有这一条,你也许还是爱他;而有了这一条,你倒不一定,除非他具备头四个优点……而且他不会总是漂亮、年轻,也不会总是有钱的。"凯瑟琳说:"我只要顾眼前。"耐莉说,那你就跟林惇结婚吧。但是凯瑟琳不放弃,她继续问,这个问题就很可怕了,就是你还没告诉我,我这么做对不对,因为她就是觉得哪里不对。

凯瑟琳觉得哪里不对当然是因为希斯克里夫。她对希斯克里夫的爱,是和希斯克里夫漂不漂亮、有没有钱、年轻不年轻没关系的,而不是"一个年轻漂亮有钱还爱我的人谁不喜欢呢"。"他(希斯克里夫)不是作为一种乐趣"存在于凯瑟琳的心灵生活里的。她和希斯克里夫是一样的人,野蛮的、原生态的、不文明的、随心所欲的。他们两人在一起的时候，也并没什么看起来很吸引人的甜美的画面，但他们作为彼此的映照存在于这个世界上，他最深重的痛苦就是她的痛苦。唯一的障碍是，凯瑟琳觉得嫁给他会降低身份。

而埃德加的外观就是我们现在依然在形塑的理想的婚恋对象，赏心悦目，家境殷实，能保护女性，而且能适当提升生活质量。那么凯瑟琳吸引埃德加的又何尝不是我们现在依然在形塑的理想女性特质，年轻美貌、家世清晰、天真热情……但这种搭配是多么短视、脆弱、不堪一击，好像和心灵生活没有任何关系。小说作者想要嘲讽的所谓普遍文明标准下的"理想型"的爱、"美貌型"的婚配，这中间的互相吸引大概也不是假的，但就是孱弱。好像《呼啸山庄》里的伦敦病，小说中所有跟伦敦有关的符号都象征着病怏怏的气质，从伦敦回来就感冒了，去了伦敦就死了……伦敦或许就是所谓"文明"的符号，辐射了它所建构的一系列人的标准、生活的标准、婚恋的标准。

我们现时的爱情观也都是在追求"凯瑟琳和埃德加"式的，人们只是在为找不到凯瑟琳和埃德加而感到痛苦。耐莉说的蛮好的，只要希斯克里夫永远不回来其实也没什么事。他们两人的日子很安宁，很恩爱。只是，希斯克里夫的复仇把这种幻景式的生活都搞砸了，揭露了凯瑟琳和埃德加的那种"恩爱"里没有什么真正有力量的、结实的心灵生活可言。

从这个意义上看，《呼啸山庄》的精神价值要远远高于

《简·爱》。回过头来看伍尔夫所言"不是男女之间的那种爱",仿佛是一种暗示。它在努力超越外貌、超越"美",在剥离消费主义、剥离都市审美的外观之后,讨论人与人之间的平等与不平等,处理爱情本质和价值的拷问。

往日闲愁今日止

《四郎探母》
哎呀负心汉

有一出老戏,叫《四郎探母》,说的是北宋时,辽邦设"双龙会"于幽州,邀宋太宗(光义)赴会议和。杨家将八虎护驾随往,中伏兵败,四郎(延辉)被擒,改名木易,与琼娥公主成婚。十五年后,适逢佘太君押粮抵营,杨四郎思母心切,想要去探访,被公主识破,公主计盗令箭,帮助杨四郎出关,四郎当夜私回宋营,母子兄弟相聚。黎明时,四郎返辽,被萧后察知,欲斩,经公主求情而赦免。

杨四郎是著名的孝子,这毋庸置疑,《四郎探母》也一直都被当作喜剧来演出,最后得到大团圆结局。但仔细想来,这里面的欢喜很可疑,因为杨四郎原来是有老婆的。近来上海京剧院演出的《四郎探母》,也没有刻意删去"见妻",很有趣。

新 腔

杨四郎私回宋营当晚,在佘太君的提醒下("我儿失落番邦外,你妻未曾傍妆台"),消失了十五年,杨四郎这才想起来自己的结发妻房。然后他说了什么呢?他说——"哎呀"。

这个"哎呀"实在太经典。

就跟他隐姓埋名,在心里盘算万千,最后千言万语都没法说清楚,索性跪在铁镜公主跟前讨令箭一样有趣,真不失为一个处理复杂感情问题的好方法,很多男人也的确是这么做的。

发现发妻还在人世,杨四郎当然百感交集,"好似钢刀刺心怀",他终于想起来这个可怜的太太了。想起来以后也很尴尬,只能说"常把贤妻挂心怀……"愧疚可能是真切的,想念则显得有些跟不上遗憾的脚步。

杨四郎只有一夜的时间"探母",探母是超越国仇家恨的人之常情。他向铁镜公主求情,求的也是对母亲的"忧思"。"四夫人"的出现一下子让这个孝子的形象大大折损,负心汉的光辉乍现出来。

时间紧迫,杨四郎还要连夜赶回新夫人身边,连吃饭的时间都没有,更不用说迟疑。这时候佘太君也很妙,对四夫人说,我知道你苦,你就让他走吧,你以后就当是我的女儿。堪比之前的"哎呀",母子阔别十五年可见依然同心。四夫人显然就哭昏过去了。

我在想,如果四郎探母,变成四郎探妻,顺便也见到了母亲,是不是显得动人一些?但杨四郎还是不能对铁镜公主说实话,不然就得不到令箭。他最后能捡回一条命，靠的正是铁镜公主的计谋与求情。杨四郎身为通敌者，两边都是爱他的女人，他总要负一个人的，这要怎么办？

中国有很多"负心汉"的故事。譬如落难公子中状元、变驸马，转头就抛弃了原来的爱人，这很常见。《王魁负桂英》就是一种，王魁锦衣玉食、娇妻相伴，还能想到给老相好一笔遣散费，有人就觉得，桂英你有什么想不开的非要去死呢？

唐传奇《霍小玉传》里，负心汉李益"引谕山河，指诚日月"，信誓旦旦，但登科授职之后，到底还是另娶，小玉伤心欲绝，死后冤魂不散……令人同情。

但这里的尺度在于，因负心汉而死令人同情，弃妻到底是道德问题，杀妻就超越了民间道德的尺度，譬如陈世美要杀秦香莲，这就太过分了，要遗臭万年。一方面人们看不起负心汉，一方面又憧憬着妇女守节，甚至如杜十娘般刚烈，"痴心女子负心汉"的民间色彩浓厚，就好像是人世间男女关系的一种"原型"。

在旧时代，受制于男权，男女分手是一件很重大的事。如今提出男女平等，最有趣的问题在于，女人为什么不能被抛弃呢？既然女人也可以抛弃男人。但这还不是问题的重点。如果我们举出历史上又一位通敌背景之下的负心汉胡兰成的话，就会显得越发有趣。

胡兰成从来不说背叛，他更倾向于说"辜负"。众所周知胡兰成创造了许多奇怪的、模棱两可的情话、分手话，譬如"我们虽结了婚，亦仍像是没有结过婚"；男女之爱也最好不要说爱，要说"欢"，这就很杨四郎了，表面上"朝欢暮乐，未尝忧思"，实际上"欢从何处来，端然有忧色"。

在胡兰成那里，也许辜负的人多了，反而有了平常心。"我已有爱玲，却又与小周，又与秀美，是应该还是不应该？我只能不求甚解，甚至不去多想，总之它是这样的，不可以解说，这就是理了。星有好星，雨有好雨，人世的事，亦理有好理，这样好的理即是孟子说的义，而它又是可以被调戏的，则义又是仁了。"星有好星，雨有好雨，好像每一个字我们都认识，却又是难以理解的深奥，总之是美的吧。

如何看待"负心"这个还挺唯美的词？

这就很有意思了。除却道德上的评判，更重要的是，人们似乎喜欢观看非理性的一往情深。不知是不是因为年纪渐长越来越理性、现实，成年人反而愿意花钱去剧院里观看难以自拔、刻骨铭心的恋爱，却最好不要亲自参演。据说，passione（深情）这个词源自拉丁文的passio，而动词patire指的是受苦。这就很有意思了，热爱观看深情的朋友们，你们可能有点轻微的恶趣味哦。

杨四郎的"哎呀"，其实在知青题材的伤痕文学里也很常见。80后最熟悉的"孽债"故事，"美丽的西双版纳，留不住我的爸爸"，回城投入新生活的中年人，建设得普普通通，但到底也算安稳。突然有一天，来了一个孩子，叫自己爸爸妈妈，才冷不防回想起苦涩的青春往事。大时代背景下，讨论爱不爱反而成了奢佟的问题。"故人故事故情一场空"虽然寂寞，但"寻寻觅觅又再回到我的身边"又何尝不是创伤的恐怖。

隐藏在大时代变迁之后脆弱的个人能做的选择那么少，勇气更少。正因脆弱，反而令"负心"这样的小事显得合情合理。但在这种合情合理中，大部分人依然是很苦的。抛弃令几个人过好了日子，概率也堪比中乐透。

我以前总是很疑惑，那些历经风雨的模范夫妻，在一方过世之后，另一方很快再婚，再婚的对象可能是原配的姐妹或者朋友……似乎是很薄情的，又似乎充满苦衷，因为他毕竟也当了几十年的好丈夫。这笔账要怎么算？从哪里开始算？谁年轻时不是真心真意"引谕山河，指诚日月"，为什么会走到尴尬酸楚的"常把贤妻挂心怀"？这也很难说吧。

费玉清有一首歌叫《负心》，挺好听的。"你当初绝望的时候，为何不听我说，而如今最怕再提起。"

你说呀。

新 腔

《狮吼记》
男人为什么爱"泼妇"

中国古代小说里一直有一种迷思,贤淑的妻室能令丈夫功成名就。好像功成名就这件事一旦成不了,首先可以归咎于妻德,丈夫脑子好不好反而是其次了。但什么是妻德?除了社会上大家都承认的标准,还会有私人的标准,总之复杂得不得了,也难得不得了。

贤淑的妻子虽然承担着"背锅"的义务,但这些具有超能力、能以美德施法令丈夫获得世俗成功的女性,却依然要接受随时被搁置、被替换、自己爱人被共享的可能性。一旦不愿忍耐,就会被人指责为悍妒、太爱吃醋。

实际上无论男女,不愿意共享爱人的出发点,不只是吃吃闲醋那么简单,更重要的是,源于自己的感情、价值被爱人轻蔑的伤心和愤怒。

许多我们现在耳熟能详的生活常态，实际上历史都不长，比如一夫一妻制，又如已经走入历史的"一胎化"，远不如它们的对立面来得长寿。作家蒋晓云曾经对我说起，她母亲一辈的女性，在家里管理丈夫就像管理一个小公司。

家里上上下下的事，婚丧嫁娶，三节两寿，吃喝用度，怎么发帖子怎么送礼又怎么回礼，什么人要接送，人情之间的眉角窍窦都要差人打听好，什么人不能和什么人坐在一起，什么人貌合神离，什么人又貌离神合……总之，到了宴会当天，敲锣打鼓、送往迎来、其乐融融，跟公关公司搞个活动也差不多流程。光鲜和璀璨背后付出多少思量，太太心里都要有数。

一夫多妻虽然源自男权，但在家庭内部，却未必真的男尊女卑。日常生活的力量总是很奇妙的，细细探究起来可能都别开生面。比如我们常常看到，在一些宗法家庭里，女性的"老祖宗"就拥有很高的地位，家里的男人反而只负责玩，或者看书，或者看完书出去玩。

旧社会的男性性格也不是一个模子里生产出来的，家里的父亲不都是天天想着光宗耀祖的贾政，儿子也不都是爱情至上的侯方域、柳梦梅。当然会有扮猪吃老虎的痴汉，也会有唯唯诺诺、没有担当的书生；会有看似魁梧但割破手怕疼的硬汉，也会有狗急跳墙的吝啬鬼；会有自私自利的负心汉，也会有连自私自利都没有胆量却十分善解人意的废柴。

女性呢，会有才貌双全、老想要以理服人的模范闺秀，也会有溺爱丈夫的、母亲般的妻子，还会有竭力想要控制一夫多妻者的泼妇，但这些凶女人同时又可能兼有性感可爱的一面，外人看不见的才能……总之，什么样的个性组合在家庭内部都可能存在，在不同的历史时期，用不同的眼光来看，会闪耀出不同的接受效果。

比如著名的古典家暴喜剧《狮吼记》，是明代剧作家汪廷讷借苏东坡赠陈季常听讲佛法诗"忽闻河东狮子吼，拄杖落地心茫然"，附会陈季常惧内，写的一出令人啼笑皆非的戏。"河东狮吼"的民间故事我们耳熟能详，主要就是说老婆悍妒、远近闻名。昆剧《狮吼记》的"跪池"早已是经典桥段，但细节还有诸多可圈可点之处。

眉山书生陈慥字季常，其妻柳氏悍妒闻名。陈慥有个好友是苏东坡，刚刚被贬官，老来找陈慥出去玩。有天就带他去赏花，身边还有歌妓作陪，几个人唱唱歌跳跳舞喝多了，柳氏得知后，惩罚陈慥在众目睽睽下跪在池边，还要用青篱杖鞭打。

柳氏的理由是陈慥不守承诺，贪玩还撒谎，陈慥则愤懑表示"老天生我意如何，受尽闺中恶折磨。早知今日妻纲肃，何必当初做丈夫"。苏东坡知情后心疼好友懦弱，斥责柳氏薄德，又怂恿陈慥纳妾。结果同样被柳氏用青篱杖打了一顿。早些的文本都显示陈慥早有四个小妾，苏东坡还给他介绍了第五个，说他"牵头"真不冤枉，打他几下似也在道理之上。

夫妻两人哭哭啼啼闹到官府，县官看到陈慥身上的伤痕居然潸然泪下，原来县官也是个惧内的，深感与陈慥同病相怜。县官趁妻子不在堂，本着一颗公正心想要惩罚柳氏，谁知当差的不敢打女人，亦是惧内的小吏。一伙人吵吵嚷嚷闹到土地公那儿，谁想土地公也怕老婆，生无可恋地哀叹自己是神仙不能死，怕老婆怕到生不如死。在这暗无天日的境况之下，陈慥、县官和土地公一起商量去找阎王做主，因为只有阎王没有老婆，只有阎王和苏东坡不怕女人。

陈慥问，那阎王会对这些妇女怎么样呢？县官说应该会下十八层地狱，还要下油锅煎，还要被锯子锯成两段……《祝福》里的祥林嫂听到这种恫吓早就吓得去捐门槛了，但在《狮吼记》里，陈慥反而被吓死了，说："那算了，我不告了。"

其他人问为什么呢？陈慥说："我家娘子虽然很厉害，但是对本人还是十分恩爱……"这好像县官老婆要为柳氏做主时，说要把陈慥流放三千里，柳氏也在一旁求情说："三千里太远了……"缠绵至此，谁说不是苏东坡多管闲事。

从噩梦中惊醒后，陈慥看到凶悍的妻子还在身边反而松了一口气。他对柳氏推心置腹说，梦里"他们做官的、当差的、有钱的、有权的、老的、少的、大的、小的，都与我一样，是惧内的，当今天下，男子惧内，是皇皇美德，我大彻大悟了，安心去受用青篱杖"。

于是故事在一派恩爱和谐的氛围中落幕了。

"青篱杖"是家暴的象征，陈慥动念纳妾要打一百下，撒谎要打一百下，出去玩有妓女作陪要打一百下，但柳氏自有分寸，老公犯错要挨打，但流放却不行，舍不得。陈慥跟好友抱怨老婆凶悍，但没有老婆也不行，因为他觉得和老婆还是恩爱的。在所有老婆中，柳氏又是最好看的。

陈慥是典型的"受溺爱的一夫多妻者"，柳氏称他为喜浪游的儿夫，被苏东坡带坏了。陈慥被罚跪的时候则叫柳氏娘、奶奶、太太……柳氏喜欢他、宠爱他，却也教训他、控制他。陈慥贪玩，但对"无后"这件事，居然是可以吞下的，他心里觉得没什么。苏东坡看不下去，那是苏东坡的事。但苏东坡给他介绍一个女孩子，他也是开心的。既然被老婆骂了，那就不去了。这样的男人，实在难说有什么好的，但与此同时，他又会给柳氏捶背，陪她聊天，跟她说自己做了什么梦，这就很了不起了。一般婚后丈夫说的可都是风凉话，柳氏却听得到奉承话。

夫妻之间，暴露的恰是人性最不确凿、最反复、最游移的那一面。外人信息掌握太不全面了，谁干涉谁倒霉。更年轻一点的时候，我其实不太能理解为什么会有男性喜欢泼妇。舞台上、影视剧里表现"泼妇"大多通过提升音量，夸张动作，不仅他们的丈夫不理解女人何以会成为这样，观众也不理解。只能觉得那可能是上天的安排，命里的劫难。

然而，生活中遇到的困难多了，就稍微有点理解，男人也都是普通人，会畏惧，会逃避，会不想面对，会想要是有个人能帮忙挡一下该多好啊。有个女人虽然有点吵，但能把那些麻烦都挡在门外，能降服强大的、不依不饶的种种外力特权，能担当骂名，无坚不摧，还爱着自己……就总有人认为，这是可以接受的。

凶悍令人头疼，但若添上一个条件，效果可能就大大不同。许多文学里的"泼妇"都长得挺好看的，用现在的话叫作恃靓行凶。气焰万丈本身也是一种自信、骄傲，是一种生活力。

许多好看的野猫也气焰万丈，像要把小区里的两脚兽都吃掉，但喜欢它们的人还是觉得它们傲然健美，一点都不指望它们哪天通情达理。就喜欢它冷漠，喜欢它不分青红皂白挠人，总有人喜欢受虐，觉得和其他东西比起来，眼下的是可以接受的。如果有一天，六亲不认的猫死了，还要哭红眼睛；被打了，还要朝天骂娘。这就是人性人情，扑朔迷离。

越普通的居民区，表面上女性地位越高一点。女性对男性说得最多的话是：让开，我来吧，你先回去。在我们新村里，每天都能看到勤劳的老师傅老清老早就抢好晾衣绳，晒洗好的睡裤抹布。月黑风高的时候，爷叔也会出来丢虾壳、西瓜皮。但女性强悍有活力，养家糊口有能力，男人真的有人们推理的那么"受辱"吗？这也很难说吧。受保护和溺爱的同时你要做点家务，似乎也挺划算。懦弱的人往往有良善体贴的一面，何况妒忌里虽然有糟糕的欲望，但毕竟还有一点爱。普通的人有普通的爱，更有普通的美满，这种美满未必是上得了台面的，对有的人来说，恰好是"安心去受用青篱杖"，这要怎么办呢？

苏东坡你说呢？

新 腔

《庄子休鼓盆成大道》
来路不明的美妇人

《警世通言》中，我最喜欢的一篇小说，就是《庄子休鼓盆成大道》。因为故事里充满了各种民间故事源流，又极具戏剧性。无论是庄周梦蝶，还是寡妇扇坟、庄子诈死戏妻，还是大劈棺、妻死鼓盆而歌，每一段撷取出来，都惊心动魄，都不可理喻。细读起来，却又颇有世情趣味。

简而言之，《庄子休鼓盆成大道》这个故事，说的是庄周师事老子后出游南华山下访道，途中见一浑身缟素的少妇持纨扇扇坟，庄子问她缘故。那妇人说，自己的丈夫不幸身亡，埋骨于此，丈夫在世时两人十分相爱，死不能舍。丈夫临终前答应让她改嫁，丧事结束以后，只要坟土干了，她就可以另嫁他人。少妇想，新筑的坟土，怎么可能马上干呢，因此举扇扇之，想要快点嫁人。

（恩爱在哪儿？）

因妇人坦诚，庄子深有感触，甚至主动帮妇人一起扇坟。虽然心中颇感惆怅，说出"生前个个说恩深，死后人人欲扇坟。画龙画虎难画骨，知人知面不知心"的名言，但并未反应过度，也没有试图教化她。

临走，妇人送了庄子一股银钗和一把纨扇表示感谢。庄子没有收银钗，却收了纨扇。

> 将纤手向鬓傍拔下一股银钗，连那纨扇送庄生，权为相谢。庄生却其银钗，受其纨扇。

这件路上发生的小事，令同样身为人夫的庄子感到后怕，他回家开始试探妻子田氏，后来又诈死。田氏在他的灵堂爱上了一位素未谋面的少年秀士。两人急着结婚，新婚之夜，公子急病，需要一新近死者的脑髓热酒吞之，方能治愈。田氏立刻寻来砍柴板斧劈棺，要取亡夫脑髓，废物利用。庄子这时居然一身正气地复活了，逼田氏自尽。明明是他欺诈在先，田氏自尽之后，他还鼓盆而歌，烧了房子扬长而去，令人咋舌。

"三言"中，编纂者冯梦龙的"同情"十分值得玩味，他总是把商人写得有情有义，却把知识分子都写得冷酷。但这个无端逼死妻子的恶丈夫故事，到底是因何而起的呢？

路遇美妇回家之后，庄子"心下不平，看了纨扇"，开始喟叹，还对妻子说起了这件事。田氏的反应非常激烈，她一见纨扇，"忽发忿然之色"，却也不敢直接骂丈夫，只是向空中把那妇人"千不贤，万不贤"骂了一顿，更是将自己夸得温良恭俭让。这又是为什么？

今天的我们来将心比心，如果爱人下班回家，拿着路上不知名的妇人所赠的礼物反复把玩嗟叹，想必任何太太都是要不高兴的。那庄子为什么会心血来潮决定诈死呢？因为田氏越想越气，居然把那把纨扇给撕了。

在田氏看来，庄子带回家反复看来看去的"纨扇"可不是什么礼物，而是一个信物。但一把扇子又不确切指涉丈夫与寡妇的因缘，她索性淘气地毁了这件不祥之兆，一了百了。可惜，庄子对这种夫妻间的"醋意"是不领情的。庄子心里想的也许是，银钗我还没收呢，你生那么大气干什么！

钗用来别住发髻，与头发相连，有结发之喻。到了《金瓶梅》里，索性有三次女性直接送发。送银钗，可见路上那位寡妇着急嫁人的心意。她有多着急呢，纨扇扇出的风就是她力图不断缩短的、重获自由身的时间。在一旁的庄子又做了什么呢？他帮她一起扇。站在亡夫的立场，他当然觉得恐惧；可一旦站在新欢的立场，他又觉得情有可原。这就有点……"兹夹夹"（上海话，自作多情）了不是？

寡妇的纨扇与她恩爱的亡夫，就是田氏劈棺的斧头与庄子，急切对应着急切，冯梦龙似乎在解构、调侃圣人的同时，嘲讽女人无情。实际上在民间，寡妇再嫁不是什么大问题，但寡妇多快时间再嫁，才是会被人真正非议的部分。亡夫尸骨未寒就要结婚，还要凿取脑髓，太残忍不过。映照田氏还曾说自己与庄子十分恩爱，庄子冷嘲热讽，夫妻百夜有何恩？

至此这两段故事，纨扇与板斧——作为嘲讽夫妻关系的重要道具，强化了戏剧冲突。香港学者黎必信甚至诠释道："文中用以扇坟的'纨扇'为田氏所毁，而用以'斧棺'的斧头虽未被破坏，但夫妻之情却因而破裂至无可挽回的局面，无独有偶，其破坏者实亦田氏本人，与纨扇之破灭亦正好对应。"

"纨扇"的出现与消失，就像是一个婚姻厄运信号的来临。

放在今天的时代来看，故事里的"纨扇"就类似于一则夜里飞来的微信提醒"睡了吗？"或者"洗了吗？"再或者"在吗？"妻子的疑心、忧心、愤而坏毁之心，无非是删除这一则微信，拉黑这个不认识的女人，再或者，直接把手机丢出窗外。

而发生这样的事，丈夫心中的小算盘，恐怕也与庄子无异。总归是不高兴的，甚至还有报复心的，嫌弃妻子没事找事的，觉得那个短信的主人无非是表示感谢和问候的……他们就是不理解，妻子通晓民间叙事源流，知道早在唐宋故事里，对"来路不明的女子"就有警戒的渊源。总而言之，路上出现的身份不明的女子，往往预示着男主人公悲惨命运的开始。更何况来路不明者并非空手而来。

在夫妇之间，"礼物"往往就是心照不宣的敏感词。女性总是抱怨男人不会送礼，男性又抱怨节日太多，礼物不够用。台湾有个很有趣的谐星叫马力欧，简直是吐槽女友界的翘楚。他说什么样的礼物真的能送到女人心坎上？支架。什么地方约会前女友才绝对没去过？殡仪馆。

对许多男性而言，（送礼）"虽然（它们）表面上似乎出于自愿，骨子里却具有绝对的强制性，不遵守的话会受到或明或暗的斗争（Marcel Mauss）"。送礼，与其说是一种心意，更重要的是能换得一种安宁。

收礼就不同了。男人能不能懂得女性赠礼的深意，似乎还要取决于他把自己放在什么样的位置。有一些东西，直接就代表了感情，连同情欲，比如汗巾，或者鞋子，放在古代，多少都是懂得的。外人的"礼物"，烛照了夫妇关系的罅隙。

妻子最火大的，其实还不是礼物的性质，而是丈夫对"来路不明"这件事好像没有分辨力。来路不明有多可怕呢？"汗流粉面花含露"的白骨精、"多蒙借伞共舟船"的白娘子，比起一把扇子、一个发卡，路求帮忙的、主动找忙来帮的、喜相庆、病相扶、寂寞相陪的想想都人之常情，又都头皮发麻，都恨不得轰轰走、撕撕碎、吵吵翻。

而来路不明的美妇人最好不要随意调戏，倒是有理有据的。

《三国演义》第十一回糜竺出场。此人家世富豪，去洛阳买卖，乘车而回，路遇一美妇人，来求同载。糜竺下车步行，让车与妇人坐。妇人请糜竺同载。糜竺上车端坐，目不邪视。行及数里，妇人辞去，临别对糜竺曰："我乃南方火德星君也，奉上帝敕，去烧你的家。感君相待以礼，故明告君。君可速归，搬出财物。我晚上来。"说完就不见了，糜竺大惊，飞奔到家，将家中所有，急忙搬出。是晚果然厨中火起，尽烧其屋。糜竺因此广舍家财，济贫拔苦。

来路不明的美妇人那么多，路过荒冢间的美妇而不感到惧怕、不觉得可能会被女鬼觊觎的庄子与目不邪视的糜竺，家破人亡与虚惊一场，亲爱的相公，你怎么选呢？

新腔

《蒋兴哥重会珍珠衫》
千分惊险千分喜,好聚好散又好聚

"眼是情媒,心为欲种,起手时,牵肠挂肚;过后去,丧魄销魂。"

可倘若情欲只是从"起手时"到"过后去"那么简单、那么直线,人世间的爱恨情仇恐怕会减少一大半,亲历和观赏的乐趣也会减损一大半。

最近我们又听说了一些"好聚好散又好聚"的婚姻故事,这中间难免会夹杂着一些"当然是选择原谅他啦"的挣扎和转折。这似乎是在告诉我们,万千悲喜剧的发生,源自人面对诱惑时天然就难以招架的自持力,和在情爱里来回摇摆的得失心。

两个人的缘分,好像总有走完的那天,也总有不服缘分已经走完的千万个瞬间。

"好聚好散又好聚"的故事——《蒋兴哥重会珍珠衫》就是一例。

明代冯梦龙"三言"的首篇就是《蒋兴哥重会珍珠衫》，堪称话本短篇的名篇。虽然"珍珠衫"故事形成的源流颇为复杂，许多人还是记住了故事里那位"中国好前夫"的伟岸形象。

《蒋兴哥重会珍珠衫》说的是商人之子蒋兴哥自幼丧母，九岁就跟着父亲南下广东学做生意。他人长得清秀，生意经也有天赋，小小年纪对商场上的大小事都应对得体。十七岁时，父亲不幸亡故，兴哥身世堪怜，少年老成。

一年后，家中孝幕翻成红幕，兴哥娶了美人王三巧儿。两个好看的年轻人于是朝暮取乐。可惜欢时易过，转眼三年。兴哥想起来自己还有父亲留下的生意要做，但因为妻子哭哭啼啼不让他去广东，他又在家住了两年。

最后实在撑不下去，兴哥执意要走，心里又舍不得。结婚四五年的夫妻，居然还说了一晚上的情话，可见感情真是挺好。当晚，兴哥把祖上留下的珍珠细软全部交给了妻子。

冯梦龙描写男人有情，用的策略很简单，一是舍得给钱，二就是哭，一边给钱一边哭。男人解决感情问题是用钱、用哭的，而不是用扛的，其实我们已经能感受到这种依靠商业文化背景来处事的柔软身段。很难说是好是坏，只是说我们理当感受到了。

说好的一年回家，可蒋兴哥到了广东，生了一场病，迷迷糊糊就耽搁了。王三巧呢，自从丈夫离开以后，因为思念过度，经常在窗口东张西望，希望能看到丈夫回家。她又是个美人，东张西望自然会惹来麻烦。

有一天，她看到了街上一个跟丈夫穿着很像的商人陈大郎，这个陈大郎，抬头看到有一个美女目不转睛地盯着他看，欣喜若狂。他于是拿着金银，买通一个牙婆，想要认识这位美人。

牙婆收了重金，尽心尽力为陈大郎设局出力。她的方法也很毒辣，基本上是耐心、恒心加细水长流。"尽心尽力"的牙婆通过买卖首饰、花言巧语、嘘寒问暖，一年里逐渐和三巧儿成了"闺蜜"。

时间久了，牙婆索性住进蒋家，夜深人静时和三巧儿说说街坊邻里的八卦，说说男人出门做生意三四年不回家是常事，更重要的是，她说了不少自己少年时偷汉的情事，滴水穿石般地撩动三巧儿的春心。

转眼又是半年，三巧儿没有等回蒋兴哥，陈大郎没有等到三巧儿，中秋已过，十分好月，不照人圆。这样的时间作祟，陈大郎偷香之心居然也有了一点痴心的意味。

有一天，牙婆终于设局令陈大郎诱奸得手，真是千分辛苦千分喜。至此夜来明去，牙婆会当牵头两头发财，两个偷情者也产生了感情。

这可真是不祥之兆，正如大部分婚外恋都会遇到的难题——"天下无不散之筵席"，陈大郎荒废了一年半，又偷欢半年，终于也要出门继续做生意了。

离别再次来临,两人一样是倍加眷恋,哭一会儿,狂荡一会儿,又是整整一夜不曾合眼,不知道三巧儿面对这种自我抄袭的恋爱形态时,良心会不会痛。

总之情到深处,三巧儿拿了一件珍珠衫送给陈大郎,表示贴身之物,能令他出门在外想到自己。这时候陈大郎的反应是什么呢?也是"哭得出声不得,软做一堆"。这件衣服,三巧儿亲手为他穿上,亲自送他出门。

陈大郎很有意思,每天都穿着这件珍珠衫,不换不洗,重情重义。直到有天同乡设宴,遇到个风流标致的襄阳客人,从广东贩了珍珠、玳瑁、沉香等等到苏州去卖。两人很谈得来,很快成为知己。而这个年轻商人,正是蒋兴哥。

五月下旬,天气炎热,两人脱了衣服喝酒,陈大郎穿着珍珠衫,蒋兴哥看着眼熟,随口问了几句,陈大郎就将与三巧儿的事和盘托出,说的时候,还眼泪汪汪。此时蒋兴哥如针刺肚。但悲伤惊惧时,蒋兴哥冷静地展现了一种迷人的风范,明明是妻子出轨,他却自责"当初夫妻何等恩爱,只为我贪着蝇头小利,撇她少年守寡……"把妻子出轨的责任一肩挑起。

兴哥回家,本来是有情人久别重逢,但因为两人心里都有事,这就有了不小的尴尬。三巧儿收到休书,还很不服气,蒋兴哥顾及外人在场,只说,我有一件祖传的珍珠衫,你拿来给我看看。三巧儿知道事情败露,本来是要去死的,后来经人劝说,又决定活下去。

至此，蒋兴哥也没有闲着，虽然休妻，他还是找人仔细调查，知道原来是牙婆勾引，才惹出祸端。蒋兴哥没有跟所谓的奸夫淫妇一般见识，反而把牙婆家砸了，可见思路决定命运。随后，蒋兴哥把三巧儿的细软箱笼，打包十六只，上了封条，静置在家中，害怕睹物思人。

三巧儿到底艳名远播，很快有人来蒋家提亲，兴哥托人将这十六只箱笼，原封不动交给前妻，当作陪嫁。这时旁人有说兴哥忠厚的，有笑他痴呆的，还有骂他没志气的，正是人心不同。

这十六只箱笼里有什么？

古代妇女不可能提着箱子满街乱走，"能够出现在公众视野，并经受价值判断或想象的，主要是陪嫁箱子……作为新娘带给婆家的钱财和物品的总和……最关键的还是金银细软"（赵毓龙语）。

还记得那个惜别的晚上吗？蒋兴哥因为要出门挣钱，又舍不得三巧儿，将自家祖传的珍珠细软都交给三巧儿了，说是让她保管，可三巧儿再嫁时，蒋兴哥浩浩荡荡差人抬了十六只箱子送去，还送去了一把钥匙。与其说那是蒋兴哥的东西，不如说是他以为两人共有的东西，是旧的盟誓。他拿出了自己的那部分祖产，是希望三巧儿有丰厚些的陪嫁，改嫁也能得到善待。

《金瓶梅》中孟玉楼改嫁西门庆时，着重强调了孟氏陪嫁丰厚，"用以装四季衣服的，就有四五只箱子……"蒋兴哥送了前妻多少箱子呢？十六只。相较之下，分量是不是就很可观了。

这情义的分量是怎么计算的，仿佛是因为箱笼的数量，好像易先生送给王佳芝的鸽子蛋。因为箱笼就是旧时女性的经济段位，女人的命运决定在男人手里。又仿佛不只是箱笼……冯梦龙是如何令这场交割显得并不是情感上的切割呢？

后来的故事更加离奇，因缘际会，陈大郎身故，蒋兴哥后来娶了陈大郎原来的妻子平氏，又惹了官司，断案的恰是三巧儿的后老公。念及旧情，三巧儿替前夫求情，知恩报恩。冯梦龙是如何写三巧儿这段心里的"恩"的呢？他让她想到了那"十六只箱笼"，心头一软。可见，鸽子蛋换回了一条命，十六只箱笼也是。

一对旧情人抱头痛哭时，被三巧儿的后丈夫看到，这位县官认真听完了他们的故事，深受感动，大哭一场，决定让有情人团聚。因为这件好事积德，后来他官运亨通。三巧儿重新嫁入蒋家，做了妾，好似一种轻罚。这一家三口终于团圆到老。好聚好散又好聚，荡气回肠。

评论家在概述这则曲折狗血的"红杏出墙"故事时，会说"写的是枣阳县青年商人蒋兴哥在遇到爱情、婚姻不幸时能够正确对待的故事"，指出"在中世纪的爱情文学中像蒋兴哥这样思想开明的人物形象是不多见的"。这样的男性，应该不只是在中世纪不多见。而所谓"正确对待"的判例，一般都是因为普通人做不到才显得格外"正确"的。

无论是曲折还是狗血，都因之难得而指向了"有情"。实际上早从六朝开始,"复归式"的爱情故事就少有记载,因为蒋兴哥爱情故事的"复归"并不是好事多磨,不是破镜重圆,而恰恰可能是藏污纳垢、狗血淋头的。

爱情的双方也不是单一的忠贞不渝,而是会动摇,会败俗伤风,甚至会欺骗,无论在外人眼里,那两个人的一往情深变得多么可疑,日常的日子他们最终还是决心要携手过下去。

冯梦龙说,"我欲立情教,教诲诸众生"。他要教诲众生什么?在婚外恋时,三巧儿面临道德和欲望的选择,她选择了欲望;在重组家庭后又牵扯上感情关系时,蒋兴哥面临着理性和感情的选择,他选择了感情。

痴男怨女活在自己的世界里,他们好像什么变故都能够接受,什么屈辱都能吞下,不是因为他们有异于常人的承受能力,而是因为他们不论深陷怎样的高大深陷阱,最后还是执意选择了情与欲,选择了不可控和非理性的可能。

我觉得很有意思的是,《蒋兴哥重会珍珠衫》明明是一个挺不堪的故事,为什么会获得如此多的谅解?也许是因为站在高处的我们往往会忽略,两个人相处,不仅会在双方的长处中受到感染,也会在过失和缺点中获得自我提升的可能,这种提升是幽暗的,是瑕秽打捞出的真心,跟别人无从说起,也不太想说的。说出来会被人看不起,但不说出来也不代表不存在。

千分惊险才能换来千分喜。风平浪静的人说他们懂,虽然他们咬着瓜子从来不曾遇上。

《桃花扇》
"回忆起了往昔,令人神魂颠倒的爱"

六月看石小梅的两版《桃花扇》时,忽然想到了纳博科夫的《玛丽》。流亡、恋人、故国,与终究未能成功的重逢,令这两个完全不相干的故事,黯然在心底相逢。

《玛丽》可能是我大学时代最喜欢的一部书写初恋的小说,也是纳博科夫的处女作。那一年,纳博科夫二十七岁,他在小说的序言里写:"众所周知,初次进行创作的人具有把自己的经历写进作品的强烈倾向,他把自己或者一个替代者放进他的第一部小说中,这样做与其说由于现成题材的吸引力,不如说是为了摆脱自我后可以去轻装从事更美好的事情。"

四十一岁时,纳博科夫在回忆录《说吧,记忆》里,再次回想起那个相似的初恋影像,站在不同的年纪旧事重提,很难说是因为那个人有多重要,只是当母语成为唯一能够随身携带的行李,当思乡成为最忠诚的伴侣,那个记忆里的人,不可避免地被浪漫化了。

《玛丽》故事很简单,说的是柏林一栋俄国人开的膳宿公寓里,住着革命之后流亡的各色人等。有主人公加宁,有丢失了护照的老诗人、寡妇女房东、芭蕾舞演员、等待着名叫"玛丽"的妻子从俄国过来的男人……四天里,这些游人不算游人、难民也可以说是难民的无家可归的人们,有了一些浅浅的照面。

烦躁的加宁偶然间发现,在这栋公寓里他的邻居,居然是初恋情人的丈夫。他从照片上认出了她,回忆与现实开始了抽象的搏斗。

他想到革命前那些安宁的日子,记忆中在故乡失去的九柱球与自行车,鱼雁往来的恋人,居然要从故乡携带那么丰富的思念来到柏林。加宁放飞自我一般畅想着两人远走高飞的日子。这种幸福让他甚至忘却了眼下的时间,忘却流亡。忘却自己的真名未必是加宁,但玛丽依然是那个心中确凿的玛丽。

一直到玛丽到来的时间进入倒计时,心上人马上就要出现,加宁在火车站外,却最终选择了离去。遥望初恋,像遥望故国一般遥远。在玛丽出现前,他跳上了另一列火车。

这个令人黯然的结局,很像我们无疾而终的初恋。普通人的"匆匆那年"里,即使没有流亡、没有战争,突如其来的冲动和勇气,其实不只是诉情,可能也包括突然决定的告别。

你多久以前离开的故乡？你多久以前离开了故乡的那个爱人？在这里，记忆中朦胧且近乎完美的初恋其实是和甜美的故乡同构的……失去身份的人，犹记得青春如祖国的花木离离蔚蔚，但他回不去了。

"轻装从事更美好的事情"那么多年，只会令难忘的事变得越来越稀少，想念的人变得越来越遥远。旧梦难以挣脱，远非意志力可以调遣。多少像加宁一样扑朔迷离的异乡人，踏上飞驰的火车，将脸埋进挂在木头座位上方的衣钩上的雨衣褶子里，无精打采地睡去。没有人知道他心里走过的万水千山，生命中惊心动魄的那几个夜晚，和最终没有见成的、已成为别人妻子的爱人。

为什么最后没有见面呢？大学时代我用一些坚实的理由来说服自己，例如加宁的身份问题，例如革命、离散，好像加宁不见玛丽的理由是充分的，是时代的错，是命运的遗憾。

直到六月的那两个"桃花扇"的夜晚，如召唤一般重复再现的"不如不见"的命运，好像又令人感受到了一些不同。

众所周知，孔尚任的传奇剧本《桃花扇》的故事，说的是复社文人侯方域与秦淮名妓李香君的恋爱，一时传为佳话，然而却被南明小朝廷的权奸破坏了。桃花扇是什么呢，桃花扇是李香君拒绝了阮大铖的诱惑提亲，宁可撞死不肯屈就，她头上的血溅在白色的扇面上，最后红色的血经过点染形成了桃花。

所以"桃花扇"是身体暴力的创伤。李香君忠于自己的爱人，受尽磨折。孔尚任让李香君、侯方域经过了所有的时代考验之后，最后在一个道观里相遇,但是这场相遇却是分别的开始。两人隔着门,听到了对方的声音,却擦身而过。

这个隔着门却最终没有实现的重逢,后来又被十分喜爱《桃花扇》的白先勇,搬演到了小说《孽子》中。战争之下,老兵娶了本省贫女,生下了李青。但母亲不爱父亲,早年跟着年轻男人出走,却半生颠沛,穷困潦倒。然而当李父终于来到时,李母却无颜面对他,拒李父于布帘之外,被父亲赶出家门的孽子李青也同样不敢掀开那张布帘。一家三个人被一张布帘隔离成两个世界,哭得撕心裂肺,却未能再次见面。

这段戏的石小梅版舞台演绎令人肝肠寸断。相形之下,《桃花扇》较之《孽子》要清冷得多。在一缕幽咽的箫声中,侯方域的背影满身月色,落寞而下。故人故事故情一场空,暗红尘霎时雪亮,热春光一片冰凉。

那么,他们为什么不见面?

中国人最喜欢大团圆,《桃花扇》是少见的古典悲剧。前述壮烈哀婉至此,国仇家恨难了,有情人眼睁睁还是那个有情人。却在一瞬间里,他们仿佛默契一般理解到,我们回不去了。就算我们有这么深的爱情,经历过那么多生离死别,但是时间已经过去了,见面还有什么意义呢?

我们当然知道,这种回不去其实是和国家的离散相关的,不单单指涉爱情。无法重逢的爱人,就是无法重回的故土。旧爱的情愫,正因时间苍茫奔驰,才越来越表现为一种心病。

纳博科夫在《玛丽》的扉页引用普希金的诗句："回忆起了往昔，令人神魂颠倒的爱。"这样的事，我们普通人倒是有过的。断无信息、各分西东，有时是因为很小的事，这样的小事，也许相隔一年，就不会导致分开了。桃花时节，露滴梧桐，命运莫名其妙又将那个旧人推至你的身边，也许是在餐厅的隔壁间，也许是你在桥上，他刚好在桥下……但种种恩恩爱爱，只令心头悸动几秒，很快就过去了。

新 腔

《杜十娘怒沉百宝箱》
"这件事总是我自己荒唐"

明传奇《焚香记》(《情探》)里,落难公子王魁中了状元,有了柔情蜜意的新娇妻,于是舍下了患难时结交的妓女敫桂英。王魁用两百两银子发落旧爱,桂英泣诉无门自尽,世人都道桂英过于痴心,错付一个普通得不能再普通的自私郎君。也有人不禁探问,桂英都拿了两百两银子(分手费)了,为什么还要去死呢?

"三言"中的《蒋兴哥重会珍珠衫》,有情有义的"好前夫"蒋兴哥,居然赠予出轨前妻"十六只箱笼"的再嫁厚礼,世人又怨其痴情,是非不分,为他不值。可见女人与钱,自古以来都是长盛不衰的戏码、经久不息的流言,让人喜欢看又害怕看。常言道:"说着钱,便无缘。"然而实际上,钱与缘的牵绊是那么深,现代人同样挣脱不了。

还有一则"女人与钱"的经典故事——《杜十娘怒沉百宝箱》,收于《警世通言》第三十二卷,流传甚广。我们知道杜十娘这个形象,大都是因其"怒沉百宝箱"的壮烈事迹。虽然出身青楼,但杜十娘刚烈侠义,情深时将全部希望寄托于绍兴公子李甲身上,得知李甲将她转卖给盐商孙富之后,心灰意冷、不卑不亢地将多年家私宝物一件一件抛向江中,众目睽睽之下,她纵身跃入波涛中。

这个故事太有名了,使杜十娘有了"女中豪杰"的美誉,也使得李甲、孙富形象猥琐不堪。其实早在杜十娘沉箱之前,冯梦龙已经托付故事中李甲的同乡柳遇春,夸赞十娘"钟情所欢,不以贫窭易心,此乃女中豪杰"。那时,十娘只是拿出了一百五十两的私房钱交予李甲替自己赎身。可见,在民间,女人要成为"豪杰"完全不用去死,拿出家私陪着清贫的爱人度日,从一而终就行。反正身为好女人,你不能嫌弃男人穷,还要让自己看起来不花钱,这就是美德。而成为"风流领袖"的姿仪,也是要和"贫穷"的外观相联结的,譬如杜十娘是褪去华服、首饰,褴褛出院门。过寻常日子,花自己的钱,也不能穿金戴银。

杜十娘聪明过人又有主见,她轻蔑盐商轻薄,又痛恨虔婆贪婪。她到底喜欢李甲什么?冯梦龙写得很有意思,说"见他手头愈短,心头愈热"。十娘好像就是喜欢李甲爱她爱到"衣衫都典尽了",住的地方都没有,可还是哭哭啼啼要跟她在一起,并没有爱上别人。他也感激杜十娘几次三番袒护他、帮他解围,他依赖她又出卖她,出卖她不是因为看不起她,他压根想不了那么多事,他只是觉得,杜十娘总是会有办法的。

早前说冯梦龙写商人有情,要一边给钱一边哭。李甲也是个爱哭鬼,他的技能是"含泪不能发一语"或"欲言不语者几次,扑簌簌掉下泪来"。杜十娘有一个动作很惊人,"抱持公子于怀间,软言抚慰",这个"抱持"的动作,在拟话本《杜十娘》之前的蓝本《负情侬传》中也是有的。总之整个过程里,李甲一直在哭,哭而不求情,惹得十娘心生爱怜,在此,仿佛男女性别做了彻底的颠倒。男性是弱势的,需要保护的;女性则是主动的、伟岸的。

虽然百宝箱才是看官们最心疼不已的道具,但杜十娘和李甲最大的阻碍并不是钱,而是那个从来没有出场的李甲的父亲李布政,李甲实在怕他父亲,这才鬼迷心窍听从了孙富的建议。十娘藏了那么多钱,倒也不一次性拿出来交底,而是一点一滴,扮家家一样跟李甲玩我出一点你出一点的游戏。万金宝箱,她不直接带走,而是交给姐妹们假动作托付赠予。开箱取银,也不露虚实,没用的李甲看都不敢看一眼。其实十娘这些手段,都是为了训练那位平庸的公子,能稍微多想一点来日方长。到头来,十娘的确守住了自己的情场,李甲并不花心,这在风月场上也算是奇景,她只是没料到李甲会哭着把她卖掉。

实际上自古以来,女人拿出自己的钱交给贫穷的爱人这件事,一直是挺不吉利的。最惨的事例莫过于《勘玉钏》。明代钱塘俞素秋，自幼许配给书生张少莲。因娘家觉得少莲清贫要退婚，素秋将所佩戴的一对玉钏摘下一只，命丫环鸾英送与少莲，嘱其变卖以做迎娶之资。不料，鸾英将玉钏误投少莲学友韩臣手中，韩臣顿生邪念，冒少莲名，混入俞府与素秋成亲。当天夜里又刚好遇上窃贼入俞家偷盗，杀死了俞母及鸾英。素秋自尽前说："都只为不嫌你贫穷境况，才落得个失贞节我无有下场，可怜我到此时有话难讲……这件事总是我自己荒唐。"俞素秋是后悔的。她后悔得没有错，因为张少莲很快娶了别人。

杜十娘最后也是后悔的，她痛斥孙富，又泣诉李甲眼内无珠。冯梦龙也评得有趣，说"明珠美玉，投于盲人"，好像李甲、孙富都配不上杜十娘，她有生之年没有遇到一个值得的人，是运气不好。

我倒是很喜欢两人方才结伴离开青楼，坐船到瓜洲那一段。那时，两个有情人几乎算是流离失所，都为爱情付出了代价。月明星稀时，李甲说得很恳切，大致说，自从离开都门，两人困守在一个船舱里，四边都有人，没有办法好好说话，现在终于剩下我们两个人了，我们喝一点吧。此外，最近好多不开心的事啊，很久没听你唱歌了，现在没有人，你唱一点吧。杜十娘也很感动，唱了《拜月亭》。月亮是中国人的感情主牌，月有圆缺，人有聚散。《拜月亭》说的也是小儿女患难的故事，让人相信那两个人那一天在清江明月里，全是真心。

古代的传奇大部分都是男人编写的,在男人眼里,女性的吸引力恐怕和金钱的吸引力差不多扑朔迷离。那似乎是甜美的,又带有威胁;似乎是真挚的,又难免掺有杂念。百宝箱里装的到底是财宝,还是女性如明珠美玉般的尊严,早有数不清的评断。杜十娘是不是不该测试李甲对钱的态度,李甲作为一个败家子本来也算不清钱是何物。他那么糊涂,连责怪都担不起来。

这些故事到此或许给我们一个很大的启迪,那就是男女之间,情到深处最心酸、最苍凉的一句话,恐怕还不是爱不爱、恨不恨,而是——"我有钱"。玉钏儿、百宝箱……明明是鹊桥的砖瓦,却没有带那些深情的女性走向团圆。

《卖油郎独占花魁》
"若有短处,曲意替他遮护"

上篇说到《杜十娘怒沉百宝箱》,李甲在妓院因金尽被逐,十娘念其英俊温驯又对她一心一意,便想凑点钱给自己赎身。赎身的策略也很现代,用的是你出一半钱、我出一半钱的AA制,换一个受到善待的、平等的未来。李甲的同乡柳遇春,听说杜十娘肯出一半的钱,就赞她为"女中豪杰"。那时杜十娘尚未做出抱着百宝箱沉江的壮举。

而听闻那个AA制,老鸨当时就骂十娘是"退财白虎",大致意思是穷神灾星,还连累别人。"退财白虎"是骂女人很重的话,难听得不得了,十娘却不以为意。"小娘爱的俏,老鸨爱的钞。"可见古来类似的悲剧都是差不多桥段。从一见钟情到你侬我侬,然后就是男方钱财散尽,好像自己因贪玩而潦倒都是女人害的。而女人再有情，终究是"散财"的基因难以更动。至于她肯拿出一点自己的钱来，就可算"英雄豪杰"了。不知是夸奖，还是讽刺。

又说到冯梦龙认为杜十娘的悲剧在于"明珠美玉，投于盲人"。好像李甲、孙富都配不上杜十娘，她有生之年没有遇到一个值得的男人，是运气不好。我们说一个人不会看人，会揶揄他"眼疾"。可是，比起"明珠美玉，投于盲人"，还有更惨的事，因为爱，貌如明珠美玉的女性真的变成了盲人。

在由著名的《李娃传》发展而来的《绣襦记》中，同样是才子佳人郑元和、李亚仙互相爱慕，而后有情郎郑元和金尽被逐，沦为乞丐，此时，虔婆再一次展示了惊人的骂人才华，说郑元和是"烂黄齑"，意思是酸腐无用。郑元和无用，但家世很好，这也是这一类型的故事中经常出现的"贫穷贵公子"形象。被赶出妓院以后，郑生不敢回家，潦倒不堪以唱挽歌为生，还在一次演唱时被父亲偶然听见，结果被父亲暴打个半死，逐出家门。

后来，郑生于雪天行乞歌唱，李亚仙闻声而出加以救护，绣襦裹其身，不顾阻挠，又把郑元和迎回家里，激励他发奋读书。剧中最惊心动魄的一段，是郑元和无心向学时，推卸责任说自己书读不好是因为李亚仙的眼睛太好看了。李亚仙恨铁不成钢，以钗刺瞎双眼——"剔目"毁容。郑元和吓得魂飞魄散，后来居然好好读书考上了状元。他这状元的命，靠的不是什么运气，而是用女人的明眸眼波换来的。才色相慕这样美好的事，能走到"剔目劝学",李亚仙赔钱赔人还要赔上一双眼睛,令人唏嘘。

"有钱无貌意难和,有貌无钱不可。"谈得来的人靠不住,靠得住的人又谈不拢,是千古难题。好在冯梦龙是商人思维,运气这件事,恐怕是指标权重。因为暴富往往凭借的就是运气,能够很好地利用经济变化或社会突发的混乱所引发的特殊需求牟利,商人有时靠的是知识,有时靠的是信息,有时靠的是冷不防就遇到了一个贵人,随便讲了几句话,被听进去了,还特别受用。而且,商人并不追逐什么天长地久。天长地久这样的事,怎么看都像是赌博。再好的运气,都经不起天长地久的消耗。从没有指望过天长地久的人,反而有可能抽奖拿到了天长地久的红纸。

不如讲讲一年春尽又是一年春,不暖不寒时节,遇到一个人,无边光景一时新的故事。《醒世恒言》第三卷,又是一个家喻户晓的爱情故事——《卖油郎独占花魁》。老实人朱重,原来也不姓朱,姓秦,十三岁上下被父亲卖给姓朱的人家,谁知继子不如伙计,被排挤受了冤枉,独自出门做油行买卖,这就是卖油郎秦重的来历。

有个春天,卖油郎偶然在河边歇脚,见到著名的粉头花魁娘子莘瑶琴上轿。去跟人打听,这么好看的女子是什么来历。酒馆酒保跟他巨细靡遗说了"花魁"品貌,甚至价格……他只听见也是"汴京人",触了个乡里之念。然后痴心得不得了,想要多赚钱,再去见那位花魁娘子,他的决心下得也很青春,"有志者事竟成"。这个成,不是要成一生,只是一夜。

而后,秦重有意识地接下了妓院的生意,间一日送一次油,以卖油为名,去看花魁娘子,有一日会见,也有一日不会见。年深日久,"不见时费了一场思想,便见时也只添了一层思想"。因为相思病建立了责任心,勤劳又换成了钱,日积月累,攒下不少数目。

本来是一个荒唐的故事,一个贫贱的老实人,攒了很久的钱,为的是当上一日嫖客。但冯梦龙似乎又为这件荒唐事增添了不少礼仪,譬如说,让卖油郎去称碎银,再倾成足色大锭。换上新衣服、新鞋子、新头巾,还买了香,把衣服熏了又熏。他还挑了个晴天,去那个每两天去一次的客户公司拜访。这也就罢了,老鸨见到如此济楚的卖油郎,还嫌不够,让他"这几日先不要来我家卖油,预先留下个体面"。老鸨的理由是,这里的人都认识你,你要穿得好一点,这样大家就不认识你了。本来就是要做不体面的事,还要兴师动众营建体面。秦重却很听话地再去典铺买衣服,穿在身上,到街坊走来走去,练习斯文模样,痴心又老实到令人觉得好笑。

准备大半年,美事中又出了岔子,身为最不重要的客人,秦重一等再等,空过一月有余。这日子实在是很折磨的,因为秦重知道插队的是谁、谁谁和谁谁谁。直到有天大雪方霁,天气冷得不得了,积雪成冰,映照他先前给自己挑选的"晴明好日",那真是很差的日子,总之他终于等来了自己的"十两一夜"。

秦重在家洗过澡了,到了那里不敢推托,又洗一遍,然后吃饭、喝酒，天都黑了，莘瑶琴还没回来。好不容易回来了，莘瑶琴认出了他不肯接，说接了会被人笑话，老鸨撒谎说她错认了，说这位秦小官人是开绸缎铺的。这些话秦重全都听见了，但当作没听见。莘瑶琴本来就喝了不少酒，心中不悦，继续给自己灌酒，灌完了就睡，搞得老鸨很不好意思。

秦重想，酒醉的人怕冷，就给莘瑶琴盖上被子，不敢吵醒她。"取了热茶，挨在美娘身边，左手抱着茶壶在怀，右手搭在美娘身上，眼也不敢闭一闭。"莘瑶琴睡到半夜，起来要吐，秦重怕脏了被窝，就把自己的道袍袖子张开，罩在她嘴上。莘瑶琴吐完了，秦重摸了摸茶壶还是暖的，再给她倒茶，莘瑶琴则继续睡。

第二天早晨起来，莘瑶琴问秦重，昨晚"可曾吐吗？"秦重道："不曾。"这就很韩剧了。莘瑶琴又想起来自己曾经吐过的，最后才知道吐在了秦重的衣服里，心里很过意不去。因为自己怠慢，白瞎了一个卖油郎积攒月余的银子。秦重走的时候，莘瑶琴给了他二十两银子，比他的嫖资还多一倍。莘瑶琴说了一句话，听了让人挺难过的："我的银子，来路容易。"以及"莫对人说。"

我们说到过蒋兴哥的十六只箱笼。说到过十娘与李甲流离失所、困守船舱，有一个晚上，喝了一点酒，十娘唱了同是小儿女患难的《拜月亭》，就算没有天长地久，在那一刻、那一轮月下，看到的是真心真意。

同样的手法，也是同样的情谊，在《卖油郎独占花魁》里再现，你攒了几个月的碎银，那我还你一倍。明明是来路最不容易的银子，一牵扯到身世就涕泪飘零。但莘瑶琴说："莫对人说。"秦重显然不肯收，但莘瑶琴将银子捏在秦重袖内。

两人分别之后，又各自经历许多曲折。莘瑶琴看透了那些王孙公子虚伪阴暗的嘴脸，危难时与秦重重逢，也暗自下了决心给自己赎身。有两幕颇令人惊异，就是莘瑶琴"五六只皮箱一时都开了，五十两一封，搬出十三四封来，又把金珠宝玉算价……"与秦重成婚"满月之后，美娘将箱笼打开，内中都有黄白之资，吴绫蜀锦，何止百计，共有三千余金，都将钥匙交付丈夫，慢慢地买房置产，整顿家当"。震撼的点，当然是在于钱多，但多到如此铺张，不知道冯梦龙想要表达什么。《望乡》里的阿崎婆，临终前也拿出了一大包戒指，交给同受煎熬的姑娘们。

后来的故事指向团圆。冯梦龙可能是想要表达，巨贾还不如小商人知冷暖、知体恤。爱是什么呢？或者是袒护，又或者是照顾。总之，爱是"若有短处，曲意替他遮护，更兼低声下气，送暖偷寒，逢其所喜，避其所讳，以情度情，岂有不爱之理"。两个天涯沦落人，以情度情，互相照顾，不问前世，会有好报的。所谓"独占花魁"，团圆美满。秦重吞下了多少事，莘瑶琴的钱多到不知从何问起。装聋作哑，地久天长。

《王娇鸾百年长恨》
"往日闲愁今日止"

上篇讲了阅尽风霜的花魁莘瑶琴下嫁老实的卖油郎秦重的故事。秦重攒了很久钱,终于得偿所愿与大美女重逢,冯梦龙用了一个词来形容秦重,叫"济楚"。"济楚"还不是隆重,也不是奢侈,就是干净、齐整,有点虔诚,一个劳动人民穿成这样跑去风月场,才是真正令人心酸之处。

但是故事说成这样了,秦重这个人呢,好像也不是个多值得夸耀的人。他人是很好,但装起傻来,又没藏住,显出城府,疑点重重。总而言之,那两个受过苦的人,默契地当婚前旧事作哑谜道场,于乱世里闹中取静,换得了相濡以沫的太平日子。

"三言"批评负心汉李甲、王魁,让他们的下场不好,而有情有义哪怕有缺点的蒋兴哥、秦重,倒是有了圆满的收场,仿佛应了古语：皇天不佑薄情郎。

但所有的情况都是这样吗？女人的情仇到底是天报的，还是自己去报的呢？今天讲讲《警世通言》第三十四卷《王娇鸾百年长恨》。

白居易有《长恨歌》，说的是帝王与妃子缠绵悱恻的苦情，只恨天长地久太短，人间做不满的夫妻，去天上还要补回来。王安忆也写《长恨歌》，说的是沪上淑媛之死，当然她活着的时候，做派偶尔也不太像端庄的淑媛。饮食男女，食指大动，隔壁邻居从鼻子酸到胃——"王琦瑶家又吃肉了"，是烟火人间。这两出《长恨歌》，"恨"谈不上，怨艾多少还是有的。还有一出《长恨歌》，出自才女王娇鸾，倒真的是在说"恨"。

明天顺初年，有一军官之女王娇鸾幼通书史、举笔成文。因为父亲疼爱女儿，慎于择配，所以王娇鸾到了十八岁还没有许人家。一日清明节，在后院打秋千，见到一个美男子站在墙缺处舒头观看，连声喝彩，于是急忙回房。男子见园中无人，便逾墙而入，竟然捡到王娇鸾的绣香罗帕，便假此之便托侍女带诗给小姐，并要求小姐必须有所回复。

这位美少年叫周廷章，是个秀才，也是王家邻居。那会儿王娇鸾虽然匆匆回房，但也记下了这个秀才的容貌，"虽一时惭愧，却也挑动了个'情'字"。口中不语，但心下却很大胆，想"好个俊俏郎君！若嫁得此人，也不枉聪明一世"。随后，两个人开始对诗，一唱一和，渐渐情熟。

两人终于到了谈婚论嫁的阶段，按理说，门户相当、情投意合，还住得挺近，没有什么障碍在前。也怪周廷章稍微有点急功近利，过于殷勤，一定拜认王夫人为姑，姑侄一家，极其亲热，反而把事情搞复杂了。

　　通家走得近了，周廷章又添了一些算计，一日欲与娇鸾搂抱，被娇鸾拒绝，大失所望。气氛一度很尴尬，娇鸾又找来姨娘，两人发了个毒誓，说："女若负男，疾雷震死；男若负女，乱箭亡身。"突然发这个誓是为了什么呢？当然是为了在成亲前发生些什么，又怕有变故，让王娇鸾变成俞素秋（《勘玉钏》）。

　　不日，周廷章的父亲在峨眉不服水土，生病了。周廷章要去看父亲，辞行的当天晚上，又发一遍毒誓。夜里，两个有情人哭哭啼啼，对了一些诗，第二天送别，王娇鸾还在写送别诗。谁知道，没几天，周廷章到了吴江家中，就被家里安排结婚。他开始不愿意，但看到魏家女儿美色无双，魏家又非常有钱，就同意了。过了半年，他已"不知王娇鸾为何人矣"，也是真的快了一点。

　　王娇鸾呢，在家里望穿秋水，还在写诗。她一封又一封信寄出，一首又一首诗投于盲人。周廷章走了三年，王娇鸾相思成疾，最后托人前去送信，周廷章倒是看到了信，却怕被父亲知道，给了一点钱就想把送信人打发了，连回信都不愿写，只送还了定情物香罗帕和一纸婚书。

　　送信人闻言大怒，把银子丢在地上，破口大骂，甚至气到大哭。路人问怎么回事，他就把这些事说了出来。

王娇鸾得知噩耗后，哭了三天三夜。写了绝命诗三十三首及《长恨歌》一篇，自述与周廷章的爱情故事及被周抛弃的始末。"此情恨杀薄情者"……书写好了，王娇鸾将这些来龙去脉连同婚纸，托人寄到吴江县府。自己则十分干脆地悬梁自尽，时年二十一岁。

幸而遇到个好官，深惜娇鸾才气，深恨周廷章之薄幸，就依照婚书上的毒誓惩罚了周廷章，乱棒将之打得血肉交飞。

关于王娇鸾写诗这个行为，实在是古代始乱终弃故事中很特别的女性形象。她很有才气，又大胆追求自己喜欢的人，只可惜所托非人。周廷章长得好看，人又风流机灵，倘若魏小姐家世不比王娇鸾强那么多，搞不好他也就拒绝了。周廷章贪图美色，更重财产。本来是一个偷香窃玉的俗人，舞文弄墨也就是为了跟女孩子聊聊天，王娇鸾却以心以血给他写那么多情诗，真是比花她的钱更痛心。且不说"明珠美玉，投于盲人"这样的叹息，王娇鸾写诗求姻缘，要的是知音，可惜周廷章写诗只想找一个女人。

王娇鸾死意很坚决，死前还不忘记告官，复仇的意志和手段可见一斑。她不像敫桂英一样怨艾不堪，去海神庙哭哭啼啼还"梦绕长安千百遍"。也不像俞素秋，只说"这件事总是我自己荒唐"，死前还觉得是自己连累了张少莲，让人心疼。王娇鸾写了那么久的诗，说文艺是真文艺，说矫情也是真的矫情，可一旦清醒，却说"往日闲愁今日止"。她很利落地用自己的命来换周廷章的命，要他信守誓言。她对这个负心汉没有怨，对他那段新的婚姻没有羡,对他那位有钱有貌的新太太没有妒,她对周廷章只有恨。

我从前一直不明白,王娇鸾早前说觉得自己"不枉聪明一世",是聪明在哪里。她有多明白呢?"从头一一思量起,往日交情不亏汝"(我不欠你的);"相思债满还九泉,九泉之下不饶汝"(做鬼也不放过你);她自缢的时候,将定情信物香罗帕,向咽喉扣住,接连白练,打个死结。一个故事从"一日夫妻百日恩"说到"皇天不佑薄情郎",不过短短半年。

中国自《楚辞》以来"诗人之死"的传统带有的古典气息,居然嫁接到一个弱女子身上。同样是殉情,用自缢的方式来明志,也用自缢的方式来展现自己毫不亏心,本来是过于壮烈了。可这样的事,我们又能对王娇鸾说什么呢!

也许你是对的。

戏台与枷锁

持尺忽觉衡量难
——从越剧《情探》到电影《半生缘》

最近电视剧《半生缘》重拍，又掀起热议。我想起许鞍华导演的电影《半生缘》中，有一个细节剪裁很有意思。

曼璐跟母亲提出，曼桢在家里住着不好，应该趁年轻赶紧嫁人。母亲说曼桢不着急，你才着急，你都三十岁了。顺口又提到，她的初恋张豫瑾现在在家乡医院当院长了，还没有结婚，勾起了曼璐的回忆。少女曼璐与豫瑾分手，发生在豫瑾因为心情不好和人打架后，但电影中没有明说的事实是，曼璐为了维持家计已经开始当舞女，年轻的豫瑾当然接受不了。曼璐对豫瑾说，我能有什么办法，我要赚钱养家。而后伴随着曼璐伤痛的表情，背景音出现了徐丽仙的弹词《情探》："自与郎君分别，梨花落……"曼璐最后说，你自己保重。走向了小巷深处，她没有回头。镜头随即切换到牌桌，彼时已经是过气舞女的曼璐被旧恩客嫌弃。这段弹词三两句话却贯穿着十年光景，几乎是桥接一般地，一点点变得清晰，曼璐带着不忿油滑地说："哟王老板，怎么换了酒店也不告诉我……"诌媚的祝鸿才在一边给她倒茶。

我之前从来没有想到过曼璐与敫桂英命运的关联，倒是被导演的设置提醒了一下，想想觉得挺有意思。《情探》改编自明传奇《焚香记》，是一个著名的负心汉故事，不只是弹词，昆剧、越剧都有搬演，《阳告》一折恨意满满，又怨艾沉实。故事说的是落难公子王魁中了状元，当上乘龙快婿，停妻再娶，有了柔情蜜意的新娇妻，自然要打发患难时结交的妓女敫桂英。王魁用两百两银子发落旧爱，桂英泣诉无门自尽，世人都道桂英过于痴心，错付一个普通得不能再普通的自私郎君。也有人不禁探问，桂英都拿了两百两银子（分手费）了，为什么还要去死呢？难道她真的痴心妄想要当状元夫人吗？

越剧《情探》的传播则更加深入人心，细节刻画也更为生活化。所谓"情探"，说的是试探。桂英于两人盟誓的海神庙自尽之后，海神爷准了她的诉状，命判官引桂英鬼魂进京与王魁折证。桂英心软，不舍夫妻恩义，想以"情"试探，如若王魁还念及旧情就放过他，不料王魁负心绝情，甚至拔剑要杀她，桂英伤心欲绝，盛怒之下，活捉王魁。

越剧里桂英是怎么试探的呢？王魁寒窗苦读时，桂英一直在一旁为王魁缝制袜子，王魁不理解，问，我已经有很多袜子了，你为什么还要缝。桂英说，你晚上读书腿会冷，穿上你就不冷了，还带他去找医生治疗腿寒的疾病。桂英的丫鬟在一旁说："明是非，知寒暖，苦心用尽。"可看作点睛。桂英的魂魄下凡试探时，她拿着一张旧药方，问王魁还记不记得这件事，王魁说这毛病我自考上状元后再也没有复发过。

我们印象中《半生缘》里的曼璐一直是一个反面角色，戕害妹妹，毁了曼桢与世钧的好姻缘。但曼璐为什么会下定决心，恐怕也与"情探"有关，探的是豫瑾。沦落风尘本是无可奈何的事，年老色衰时她深知祝鸿才也并非完美的托付。祝鸿才对妹妹早有歹意，这才是曼璐提出希望曼桢早点嫁人搬出去的原因，她一开始并没有想要当一个恶人，甚至因为嫉妒想要在生活场域里支开妹妹。

曼璐结婚后，事业有成的豫瑾来上海探望曼桢一家。家人觉得曼璐的婚姻问题解决了，那曼桢和豫瑾要是能在一起挺好，知根知底，豫瑾也对曼桢流露出好意，无奈曼桢早就心有所属。本来都是不大的事，却因为曼璐心中有愧，也因为她婚姻内部的问题，她执意要见一见这位旧情人，做一番"情探"，这才为后来的故事埋下伏笔。

曼璐穿着早年豫瑾觉得好看的衣服，满怀哀怨与期待地去与他重逢。没想到豫瑾因为在曼桢处受了挫，根本无心与她叙旧。曼璐说："其实你不应该到这儿来的，难得来上海应该高高兴兴的。"豫瑾说："以前的那些事就不要再提了，我听说你有一个很好的归宿,我也就放心了。"曼璐问:"你一定要走?"豫瑾说:"想起以前的一些事情,我就觉得非常幼稚,也很可笑。"而后曼桢突然发现了一本书,说:"这不是曼桢的书吗?"豫瑾答:"对,是她送给我的。"听起来也是很普通的对话,却伤了曼璐的心。她穿着旧衣服,却对不上眼前这个有情的人。和桂英拿着旧药方,见到的却是一个没有病的人是相似的。

戏曲中的敫桂英是一个痴心到偏执的女性,"我将心儿里没尽藏的倾他,意儿也满载的痴",她的困境也正在于此,不相信人是会变的,要神明帮她维系这种不变,还要惩罚变化。但越剧中的敫桂英也有过茫然的时候,王魁赴京赶考已久,她又想给他做衣服,手里拿着一把尺,心下却很茫然,他到底是胖了还是瘦了呢?桂英于是自叹道:"持尺忽觉衡量难。"这又何尝不是感情的常态。

仔细想来,许鞍华能将这两位女性的命运联系在一起,并映照得如此婉转贴切,令人赞叹。

电视剧《一把青》
"一个世代的完而不了"

十月的时候,去桃园市立图书馆听曹瑞原导演的演讲,关于电视剧《一把青》。金钟奖颁奖以后,《一把青》重新热了起来,甚至带动了白先勇的名著《台北人》一书的再刷。会上导演很平静地说起,筹拍《一把青》时资金十分困难,台湾近几年已很少有人投资电视剧。最终,《一把青》中金陵女大门前修不掉的椰子树、未完成的机棚爆破戏等等,倔强、遗憾地呈现在电视屏幕上。不仔细看,观众不会意识到主创人员为了表达自己心中的《一把青》,内心所走过的恒久忍耐与万水千山。

"每一次起飞都可能是永别"的故事,其实在2015年的台湾大屏幕上讲了两遍,另一部是张钊维导演的纪录片《冲天》。两部影片都采用了女性视角,"妇人之仁"为二十世纪残酷的战争捡骨。《一把青》的编剧黄世鸣,将白先勇的万字短篇小说改成三十多万字的剧本,不仅为故事本身注入了更多复杂的冲突,也循着白先勇整体创作的文脉,重构了一部"红楼梦"式的"大厦将倾"。

如《冲天》中齐邦媛写下的:"日本投降消息传来的那晚,重庆前所未有地热闹了起来,到处都是欢呼。我却突然不能忍受这人声鼎沸的喧嚣了。那一刻,我感到万声俱灭。"以少女之心的敏锐感知大时代喧闹背后的危机,是《一把青》同样试图借镜的女性体认方式。小朱青过于复杂的身世与忧心忡忡的出场,与后期"快意余生"的对照,内观的"万声俱寂"与外部身体的沉沦("流到几时方罢休"),形成了所谓"只有两个主角,一个是'过去',一个是'现在'"(欧阳子语)。胡又天有一篇文章评论《东山一把青》这首歌曲的意蕴,他说:"白先勇吃透了原曲的意境,而让以白光为原型的朱青,把这首歌、这种人所能蕴含的'煞',发展得更惊心了。"白先勇本来在原著小说中,只是白描了一个"空军寡妇"的故事核,但改编者则敏锐意识到1945年的南京仁爱东村,短暂的"良辰美景",如"烈火烹油、鲜花着锦……要知道也不过是瞬间的繁华、一时的欢乐"。

这令黄世鸣的改编意图越发清晰起来,他的观念与同情,渗透至剧本的细部巧思。我很喜欢他在《一把青》剧本中添上的一个场景,男人们都去了东北,市面通货膨胀得厉害,太太们预先买好了纸钱,刚好堆在新生社的咖啡馆,她们都喝醉了,伴着纸钱饮酒跳舞。黄世鸣新创作的一个人物——邵志坚，在电视剧中同样举足轻重。借他之口，说起年轻时的自己，他说的已不是救国、使命等等，而是"会遇上什么，不知道。来了，就硬撑。输了，也怨不得别人。"

小邵与小周半路夫妻这一条叙事线，其实取自白先勇原著中殉职军人眷属"交接"传统的暗示，是一段想象的改编故事。小邵原有一位恋人，因为学长的殉职，他必须接管照顾学长太太和女儿。在迁台那一刻，黄世鸣加了一段在机场初恋呼唤小邵的戏，小周在飞机上问他，你为什么不下去跟人家说两句话，小邵说："我下去了就上不来了。"爱与责任的两难，昭示这一段改编，逐渐从大江大海的鸟瞰，转移到日常生活的探微，"人"的卑微与深情在此生辉。这些设计均非出自原著，相反已是一个半旧的历史故事在当代的"再书写""再诠释""再移情"。至少在黄世鸣心中，除了白先勇设计的小顾成为新时代的"遗民"，并不适合当军人的小邵同样走到了最后。而小顾在电视剧中的殉职，甚至令新人物邵志坚成为这些空军英雄中唯一的幸存者。这是十分具有意味的。

王德威曾在"后遗民写作"的议题中，反复谈及"惊梦与入梦""除魅与招魂""原乡与异乡"之间的相互映照。

所谓的"后"不仅可暗示一个世代的完了，也可暗示一个世代的完而不了。而"遗"是遗"失"——失去或弃绝；遗也是"残"遗——缺憾和匮乏；遗同时又是遗"传"——传衍留驻。如果遗民意识总已暗示时空的消逝错置,正统的替换递嬗,后遗民则变本加厉,宁愿更错置那已错置的时空,更追思那从来未必端正的正统。(王德威《后遗民写作》)

我们不妨将黄世鸣的《一把青》剧本,也看作是对"台北人"叙事群落的一种"增补"式"后遗民写作"。他令"元文本"中最后一个人物——"过去"也感伤地殉职了,小顾留下了一曲"完而不了"的挽歌,为已逝的端正而端正,soldier to soldier。

《一一》
"谁若年轻一岁,那他就不会明白"

德国作家马丁·瓦尔泽曾经在他的一部作品中写道:"谁若年轻一岁,那他就不会明白。"后来这句话被用作他和君特·格拉斯对谈的标题,刊于2007年第6期的《时代周刊》。

那一年,他们都是八十岁。

八十岁那年,瓦尔泽还写了一本热销书,叫作《恋爱中的男人》,记录了歌德晚年的一场黄昏恋。据说出版社打出广告词,称此乃"歌德最后一爱",写歌德于八十岁高龄之际,爱上了一位十九岁的少女。书中充满了爱的箴言、劝导与慨叹,小说开篇第一句话便是:"他看见她的时候,她早已看见他。她进入他的视野的时候,他早已成为她的注视对象。"这很爱情,也很电影,带着一种可被原谅的文艺腔,像我们借由别人的故事回忆往事时,会刻意记住的文学语言。

书里又写:"人不负责了解自己。认识你自己:这是一个可爱的幻觉。或者说要求你去虚构自我。这样你就不是你,而是你的虚构。只有别人能够了解你。他们越爱你,他们就越了解你。"不知道为什么,《恋爱中的男人》总令我想到杨德昌的名作《一一》中的简南峻(NJ)咋咋呼呼的初恋情人阿瑞,人到中年,情绪依然不太稳定,热爱密集发问;又会瞬间失声痛哭。她一个劲地责怪NJ不理她、责怪NJ不辞而别、责怪NJ这样那样的沉默。直到许多年后,NJ终于深思熟虑敲开初恋情人的门,说了一句足以倾覆他半生沉默的重话:"我从来没爱过另外一个人。"与此同时他又说,"还有人比我更了解你吗?"

从前看《一一》,我都是从小男孩简洋洋的视角,来观看家里大人们的背影,偷听家族生活里碎片般的私隐。母亲心情不好,需要上山修行才能克服内心魔障;父亲工作不顺、心事重重,借出差机会和初恋重逢;外婆突然中风;迷信风水的舅舅问家里借了钱,娶了奉子成婚的公司小职员,惹来旧爱在婚礼当天闹场。姐姐爱上了闺蜜的追求者,谈了一小段恋爱又被抛弃,追求者因误会又杀害了闺蜜的家庭教师。

以电影文本来看,《一一》结构工整,细节考究,由一场乱哄哄的婚礼开始,到一场喜忧参半的丧礼完结,当中说了许多故事,没头没尾,白描了许多人的一生,提出了许多无解的问题。影片中翻来覆去说的一句话是,"事情哪有那么复杂",但所有的观影者都知道，事情复杂得很，包含了童年困惑、少女心事、中年危机、事业转型、旧爱重逢、照顾老人……不管从哪一个横截面切入，都能窥探人生百态、五味杂陈。

然而我一直记得，电影开始时，吴念真扮演的NJ和初恋情人重逢，是在圆山饭店宴会厅的电梯口。对我们普通人而言，电梯门的开合实在很像一种揭幕，是一个虚幻的舞台。无论突然登场的那一位是邻居还是同事，还是陌生的家庭、情人，总带着神秘的气息，象征着一种"冷不防"的错愕。

在这场揭幕中，中年NJ带着小儿子，看到了从电梯里登场的、打扮华丽的旧情人阿瑞。她先是展现了自己最好的一面，说自己住在美国，又给了NJ一张名片，就优雅地翩然而去。整个过程，NJ和儿子都只有背影，NJ没有说一个字。一分钟后，阿瑞却怒气冲冲地跑回来问他："那次你跟我约好了你为什么没来？我一直等一直等，我被你害得好惨你知道吗？"阿瑞劈头盖脸说起的"那次"，已是二十多年前。NJ还是没有回答。

女人总是这样，胸怀无穷无尽的怨念掷向离她们而去的男人，但阿瑞没有说的是"那时候我想移民""我很怕你养不起我"这种真话。奇怪的是，即使NJ心里确凿地知道这些原委，他似乎也不怎么怪她，他不怪她情绪大起大落、不怪她恨他、不怪她其实也有私心，他只是不知道该说什么。奇怪的是，尽管什么都没有说，他还觉得全世界只有自己最懂她。

曾经亲近到从来不用说"最近"的两个人，终于熬过日复一日的度过,等再次见面到了需要派发名片介绍自己近况的地步,总是很讽刺的事。NJ在一个夜晚回到办公室照着名片给阿瑞打电话,他说:"……还好是电话录音,不然我不知道怎么跟你说话,听说,你现在过得不错,很替你高兴,以前听同学说,你生活得很辛苦,好像觉得跟自己有关,很在意。那天你问我,十多年前为何突然不告而别,其实当时我有很多原因,不过现在说,也没什么意义,现在知道你生活很好,很幸福,我就很开心了,真的。祝福你了!"

都是客气话,不能作数的。事情又怎可能如此罢休,像许多台湾电影的套路一样,两个有缘人后来还是扛不过思念,选择在东京重逢。人已中年,都有婚姻(一位还不止一次),又有苦闷,不再有什么不能说破的。女人话多一些,说说前夫、孩子、自己做过的梦、吃过的苦。男人就假装很平静,说很少的话,点点睛。这似乎是他们一贯的相处模式,即使人生重来一遍,也不会有什么改变。

NJ责怪阿瑞年轻时总逼他成为一个他不想成为的人,看起来很生气的样子,阿瑞问起:"我实在搞不清楚,在高中的时候,你怎么会突然喜欢上我?"NJ却说:"不止吧,可能还更早。可能从小学时候就开始了。"看起来不太会说话的男人,总是会被性子很急的恋人逼问,但一旦逼问出个什么来,女人其实又难招架。不安分的阿瑞心比天高,可悲的是,她似乎又很吃NJ这一套。

NJ说"我从来没爱过另外一个人"可能是真的,阿瑞知道自己说不出同样的话，说出来也不是真的。她只能尽情地哭，来表达痛苦、遗憾、人之为人的永不满足，因为思念总是真实的。一个永不满足的人永远觉得遗憾，像一个嫉妒的人永远羡慕一样。最后，她还用相似的不辞而别，回报了NJ二十多年前欠她的情债，这实在是很有趣的事。她要抢回一段感情的话语权，尽管万般痛苦也历经坎坷，尽管这段旧情对她的人生而言已经没有太大的意义，她还是在意这个结尾的主宰。像NJ那么"在意"她过得不好的时候，"总觉得和自己有关"。他们难兄难弟，仿佛唯有这样才能说服自己，还给自己尊严。

一个隐忍、细心、容易自责又颇有自知之明的男人，爱上了一个攻击性极强、情感丰富又患得患失的女人，本来就是一种可见的煎熬。而NJ的孩子们，似乎也继承了相似的基因，扮演着他的小学、中学，他压抑的精神世界。这种弗洛伊德式的表达方式，暗示着童年的痛苦必将继续巩固。

我很容易留意小说或电影中的"重逢"，因为那似乎意味着一种修改命运的期望。NJ和阿瑞，在异乡像恋爱时一样牵手、散步、吃饭、聊天。在深夜又抱头痛哭，互相埋怨。十年前我看到这一段情节的时候会感动哭，现在倒只觉得有趣。"谁若年轻一岁，那他就不会明白。"

之前写《玻璃之城》和《甜蜜蜜》的时候说到，香港导演很会借"爱情"提出社会问题，爱情只是个容器，台湾导演则会借社会问题来反复提炼爱情的纯度。如果说《心动》的遗憾在于经济起飞时期女人的永不甘心,那么《一一》中的阿瑞其实是相似的状况。用好听一点的说辞,就是对女人来说,"可能你爱的是一个人,想嫁的却是另一个人"。这并没有什么好疑惑的,即使他们说了很多自己的感受,又说了一些戳心戳肺的真话,但他们都没有说出内心深处最真实的看法。

NJ说:"想起来真是好笑,我电机系念完,现在做的是你当初希望我做的事,身边没有你了,而你的生活过得比我还好。"后半句话真是听不出来是什么意思,他似乎还想保留那种"你过得不好终究是和我有关"的内疚,又似乎只是说说而已。而阿瑞,反正也爱过很多人,走过了大半个地球,终于实现了财务自由。回到故乡,知道有一个人一生只爱自己一人,算一笔不亏的收获。都那么大年纪了,她走了以后,他还病了一场,爱情还原为一种极为有杀伤力和破坏力的交手,他们从都没有赢,玩到都没有输,什么也证明不了。唯有真真切切看到彼此痛苦,才觉得安心了一点,觉得这辈子携手做过一件什么要紧的事,如此缺乏自信的相互定义,也算是天生一对。

对成年人来说,没有一种痛苦的来由是单一的。爱情也许只是过于复杂的痛苦中,最容易表达和被人理解的一种。NJ和日本客户说起初恋、失恋,两个英文都不好的人,经由爱情的回忆,居然感觉到了彼此之间心灵相通,可见爱情的通俗性。但台湾导演在理解"忍耐"这件事上,总保持着出人意料的清醒,令人敬佩。

去年有一部电视剧叫《一把青》，里面有一句台词我很喜欢："会遇上什么，不知道。来了，就硬撑。输了，也怨不得别人。"说得很好。《一一》也是这样。我们要如何度过爱的痛苦？靠硬撑。我们要如何克服无爱的痛苦？也靠硬撑。分开的痛苦，要靠硬撑，其实在一起，有时也是撑过去的。这就是生活，套用电影里的台词："真是没有那么复杂。"

新腔

《女人,四十》
"人生如朝露,休涕泪,莫愁烦"

村上春树有一部短篇小说集,叫作《没有女人的男人们》,以他的方式诠释着各种失去女性的男性,是如何佯装从容地自我观看,而后在看似风平浪静的余生中保持失意。

性别问题是作家写作时的立场,也可能表现为一种互相观看的视角。在讨论男性与女性的差异或沟通时,艺术家有时取径爱情,有时也回避爱情、支开爱情。让"女人四十"问候"男人四十",让"没有女人的男人们"与"没有男人的女人们"抽空谈谈,能谈出些什么意义来呢?

我想,"危机"是一个通俗、体贴的话题。衰老、疾病、失去,是人之为人共享的"危机",不分性别,人人都要面对。

而文学化的面对,是在显微镜下研判创伤,是在和风细雨中掠起寒枝。"丧失"这样令人词，每想起一次都使人害怕。当它真的来临时，有时却不真的只留下恐惧。苦趣，也是有的。

失去什么样的女人会令男人变得如此失意？我有时会想到这件有趣的事。是看一眼就妻离子散的绝世美女？还是宛若小动物具有双重性格的洛丽塔？但后来我想到了许鞍华的《女人，四十》，想到了萧芳芳扮演的阿娥，虽然在外部世界没有惊天动地的丰功伟绩，但却是家庭内部的英雄。

《女人，四十》的故事，说的是孙太太阿娥每日奔走于家庭、公司之间，处处精打细算。做驾校考官的丈夫、正念大学的儿子、待她如亲生女儿的婆婆及军人出身的专横公公构成了她有喜有乐的家庭生活。丈夫的弟妹一个住在富人区，一个远嫁台湾，平日与他们疏于联络。这也很像《天水围的日与夜》，富亲戚往往什么也不做，还稳坐道德高地对做事的人指手画脚。婆婆的突然病逝令公公变作痴呆老人，他只识阿娥一人，只要她伺候，所做的荒唐事一件接连一件，阿娥一家疲于为他收拾烂摊子。给阿娥带来诸多乐趣的卫生纸厂的工作，也因为碰上了令老板垂涎不已的年轻女员工而显得日益烦心。

电影中，阿娥的第一次出场就性格饱满。在菜场的鱼摊前，她注视良久。小贩麻利地挑了一条，上秤两斤，一百五十块。阿娥响亮地回绝了他，"五十"。小贩说："五十是死鱼的价格。"阿娥回应："要不然我在这里站这么久，我就是等它死啊。"可是鱼并没有死，阿娥于是趁小贩不注意，扇了鱼一个耳光。

"死了。"阿娥面不改色地说道。仔细留意会发现，她出门买菜，并没忘记稍作打扮。

那条鱼进了阿娥的厨房以后，身体被分成好几部分，一部分进了冷冻室又出来，犹犹豫豫是拮据的日常生活的映射。

我们的菜场里有很多像阿娥一样面貌的女人，对摊贩来说，她们都是不受欢迎的客人，砍价都往五折以下痛杀去，为了几毛钱斤斤计较、信口雌黄。她们擅长把小贩放在最外面的好品相东西挑走，才懒得管别人接下来要怎么办。第二天再来，依然是这样的风范。看外观，你简直很难想象这些"心狠手辣"的妇女也曾有过害羞的少女时代。

只有看到她们提着沉重的袋子走出菜场的背影，才会令人感受到生活的重压。有一个动作，足以让电影里的美女迅速地走出少女时代，那就是双手提着菜走出菜场，最好还要跨几级台阶。这似乎是一个难题，又像是一个隐喻：如何优雅地双手提菜？如何优雅地背米？如何优雅地扇鱼耳光？如何优雅地剪牛蛙头？

不知是否有人记得，电影《西西里的美丽传说》结尾，玛莲娜重回小镇时，去了一次菜场。一位曾经伤害过她的妇女送了她一件衣服，还有人介绍给她新鲜的番茄。于是在一片和解的氛围中，玛莲娜善意地接受了，说了一句"早安"。但那时，她左右手都提着沉重的袋子，菜叶溢出提袋，袋子的轮廓里还能看到坚硬的植物的形状。在电影开篇，那个著名的行走场景中，她手上没有任何有分量的东西。这似乎是一种隐喻。

艺术作品中的"菜场",往往表现为一个女性社交空间。但在日常生活中,菜场就只是菜场,菜场里有男人,也有年轻女人,是商业的,也是生计。

台湾有个民间故事,说一个女孩子在二十三岁那年到寺院向法师讨教,她问:"天底下哪一种女人最幸福?"法师毫不犹豫地说:"有菜篮可提的女人最幸福。"女孩想不通:"我天天提菜篮,却不觉得幸福,经常都很烦闷。"法师不回答,让她自己好好想想。法师的意思似乎是表示,菜篮里装的不只是菜,还有家。

现在的女孩子越来越不在意这些鸡汤,网购取代了菜篮,幸福与烦闷是一对死党,法师也救不了。女人努力工作赚钱,就能在外面吃更好的。我们奋勇与世界作战,不就是为了不要再去对菜场里的小贩展示泼辣与小聪明?

话虽如此,也不尽然。美国学者马克梦有一本书我很喜欢,书名叫《吝啬鬼、泼妇与一夫多妻者》,里面提到一个问题我觉得很有趣,后来我也问过很多男性朋友,就是为什么男人会愿意娶泼妇为妻?有的朋友说,因为泼妇执行力强;也有人说,因为泼妇长得好看。

说"泼妇"一词太不文雅,或者我们可以替换成"厉害的女人"。这种力量的本质是什么呢?马克梦认为,写这一类女性的小说和戏剧:"对男女两性之间的这种可怕的不平衡,采取了信其有但又隐而不言的态度。"隐而不言什么呢?隐而不言的是那些看起来强大又享有多种社会特权的男人,有些其实是很虚弱的。他们害羞、胆怯、没有担当,他们为什么发脾气?因为无法兑现承诺,因为能力不及。但对于自己做不到的事,与其用恼羞成怒、用沉默来对付,不如躲在强大的女人身后来得实惠、安全。

许鞍华应该深深地了解这一面,才那么用力地赋予如此艰苦的日常生活以诙谐幽默的色彩。在1995年,阿兹海默症还没有如今这样受到文学化的关注。病患本人不会说出"我想念我自己"这样文绉绉的话,病患家人也只会一个劲地问医生吃什么药会好。阿娥带着体型壮硕的公公去看医生,自称只有十二岁的老头原是空军将领,身体壮硕得很,他对着媳妇秀肌肉的那一刻,阿娥内心的崩溃可想而知。

故意把公公的身材设定得如此高大威猛,和几个儿子的小身板那么不协调,恐怕是许鞍华式的幽默。有一个场景,半夜里老爷子把儿子当贼抓起来,因为用力过猛,儿子反而受伤了。阿娥的丈夫也不想那么惧内,好不容易喝酒壮胆要回家发脾气,被阿娥觉得脑子有病,大而化之。阿娥的儿子因为女朋友不理他而哭泣,对女朋友说:"只要你不甩我我也不甩你,我们一辈子在一起。"阿娥呢喃:"和他父亲一样蠢。"总之一家的男人,无论体型大小、年纪差异,全都依赖阿娥一人。阿娥看似很有担当,却也不是没有迷惘的时候。

"我一直以为他会比婆婆先死",丧礼上的真话说出了我们常常会看到、听到的人生迷局。当一场家庭灾难来袭,命运并不会选择家族中那个最不重要、最不讨人喜欢的人离开我们,而恰恰是席卷那些我们最舍不得的人，早早脱离了苦海。

电影中，还有一位妇女忍受着失智的丈夫，后来得了癌症，那就是阿霞。阿霞知道自己时日无多，去老人院跟丈夫道别，说了一些很奇怪的话："这一次是我最后一次来看你，鹏哥，你明不明白啊？你已经长大了，你不再是小孩子。下辈子，不要分配我做你老婆，而是分配你做我老婆好不好……"阿娥一边听，一边偷偷地哭。她似乎也有三个儿子，又像是有三个丈夫，与其说是有三个丈夫，不如说是有三个妻子，一个七老八十，一个不惑而知天命，一个什么也不知道。阿娥与阿霞，简直像地母一样，又像西王母……但归根结底，她们都很认命地担当着命运交给她们的重任，一刻不懈怠，也压根没想到要辞职。这是平民妇女皮实又令人敬佩的一面。

我很喜欢许鞍华电影中的碎碎念，譬如阿娥不愿意搭理丧葬公司推销的冥币、金条、大哥大之类的，自私的弟媳在远处幽幽地说，"大姐，这些花不了你多少钱的……"；爱打扮又不爱负责的小姑子看到父亲只认识阿娥，开门见山就说他们是不是有什么见不得人的事；儿子看到父母照顾老人这么辛苦，居然禁不住感叹"我宁愿你们都不要太长命，这样大家都好辛苦"……仿佛每一句话都很值得大吵，但他们都没有吵，生活里的杂音，阿娥们是听不见的，听见了只会徒增不开心，生活中的不开心已经足够。反倒是许鞍华本人饰演楼上的邻居，出镜骂了一句老头"死王八"。

坚强的阿娥在天台晾衣服的时候痛哭，觉得自己快要撑不住了，令人想起《天水围的日与夜》中，鲍起静也是抱着一条牛仔裤，为自己的命运、为不公平的生活难过了一小会儿。一小会儿而已，因为难过是没有用的，铺张的难过完全不是平民乐于经营的生活姿态。日子再不好过，阿娥也会一边吐槽米店打折一定是个骗局，一边还是去看了一看并且背回了两袋。回家途中看到邻居打麻将，还忍不住瞄了几眼，走了几步再退回来决定在淘米前打几圈……阿霞的去世没有令阿娥感觉到人生苦短，想要挣脱，反而使她咬着排骨去等老公下班，因为感觉到两个人还是要多在一起比较好。

这是一个日常生活的世界，这里所发生的一切都受制于市井社会的种种现实，也就难以产生出高尚的英雄豪杰。但奇怪的是，日常世界中的力量又十分动人，具有感染力。日常世界中的冷漠，会被这种乐观和坚毅击败。可一旦对这种乐观的精神寄予厚望，又会令人感到失望。

电影中的公公去世前对阿娥说："你知道人生是怎么样的吗？很有趣的。"而后他给自己喜欢的媳妇、女儿都摘了花，像一个童话。人生有趣在哪里呢？知道了穿新鞋追不上走失的父亲，知道了公公硬要穿着衣服洗澡，不如当洗衣服一起洗吧……

"人生如朝露，休涕泪，莫愁烦。"因为愁烦也没有用。幼稚少艾，哀乐中年，亦复如是。

《男人四十》
"如果我是老师的话,我就可以每天看到她正面"

最近听说,黄仁宇的《万历十五年》借着热门电视剧又红了一遍,其实《万历十五年》曾出现在很多电影里,都自带悲剧感,由无可挽回的佹诡世变,烘托悲怆的个人命运,是一种降落与虚弱的象征。

如许鞍华导演的《男人四十》,电影开场就安排饰演林耀国的张学友坐在沙滩上翻阅《万历十五年》,他的大儿子问他为什么一上午只看了二十八页,他说自己眼睛老花了。

那一年,林耀国四十岁,按电影中的设置,林耀国生于1961年,大儿子却快要上大学,算是成家很早。眼睛老花虽不至于,年少沧桑倒可见端倪。

以《女人,四十》来烛照《男人四十》的话,会发现《男人四十》要沉重得多。

身为中学国文老师的林耀国，在讲台上洋溢着老派的幽默，他努力学习学生们的新词汇，但越来越感到力不从心。他的课堂吵吵闹闹，即使把鲁迅留日说成去日本扫货也难以吸引人注意。下了班的他，则恢复了垂头丧气的面貌。

他的家庭生活看似简单温馨，与太太客客气气二十年，与大儿子经常交心也经常欲言又止，他管不住小儿子，却也没什么怨言。林耀国最大的失落是，明明自己读书时是班上成绩最好的人，人到中年遇上同学聚会却显得最为落魄拘谨，为了埋单的事骤然显出闪电般耀眼的自尊心，搞得大家都很尴尬……可即使如此，班上还有个小女生胡彩蓝暗恋他。

胡彩蓝发现了林耀国捐给图书馆的一本书，是林耀国的国文老师所赠，二十年来却从未有人借阅过这本诗集，就像这段本该无人问津的往事。

林耀国也因胡彩蓝而想到太太文靖在十八岁那年遇到在自己心中如文学明灯一样的国文老师。然而暗恋的女孩却与自己最尊敬的老师有了孩子，十八岁的林耀国鬼使神差地扛下了这份本来与他无关的生活重担。

《万历十五年》的前二十八页写了什么呢？在那个忧郁的七月的海滩上，不惑之年的林耀国又想了些什么呢？

1587年，万历皇帝时年二十三，"从各种迹象看来，他确实是一个早熟的君主……一种无形的距离就存在于太后和皇帝之间，使母子之间的天性交流变得极为不便……皇帝所参与的各项礼仪并不总是这样轻松有趣的，相反，有时还很需要付出精神力气。譬如每天的早朝，即在精力充沛的政治家，也会觉得持之以恒是一件困难的事情，以致视为畏途……他所需要尊敬的人只有两个：一个是张居正张先生……张居正似乎永远是智慧的象征……张居正又兼管万历的教育事务……1578年前后，年轻的皇帝对张居正的信任达到最高点……1582年可谓多事之秋。朝廷上另一件惊天动地的大事接着发生，张居正……竟溘然长逝……对万历来说，第一件事情是使他的朝廷摆脱张居正的影响……这一切使年轻的皇帝感到他对张居正的信任是一种不幸的历史错误……"

这一切，都仿佛在冥冥中与林耀国的生命感知悄然互文，早熟、压抑、信任、失信、纠偏、醒悟，暴风雨将至未至，命运仿佛巨大的宇宙内缩吞噬。更重要的是，明王朝过于文学化的虚弱与沮丧之美，都能让我们在亦真亦幻中感受到林耀国真实的心灵处境。

电影中有句台词很有意思，儿子说自己赚钱就给他配老花眼镜，林耀国却说："千万不要，能熬多久熬多久……"他这是在说《万历十五年》，还是在说自己？是真的老花，还是其实没有？他是节俭，还是知道煎熬与熬炼本来就是人生的宿命，反而不想看得太快太清楚。

最近的新闻里时常讨论到"狼师"，而林耀国和陈文靖敬爱过的老师就是一位标标准准的狼师。女学生尚未成年就在不平等的权力关系下意外怀孕,人生濒临绝境之时老师却跑了。四十岁的陈文靖勇敢地对儿子说出往事。看到怀孕检测报告的时候,"什么五级大地震、龙卷风、海啸最好一起来,这样什么事情都解决了,哪有那么如意。我记得那天很热,蝉叫声很响。老师却说,'我已经辞职,我要去台湾,因为我岳父帮我找到一份很好工作,在淡江大学出版社做编辑。你也知道,我在没回来教书之前,都做过这份工作'。他老婆是台湾人,住不惯香港。她说将来等小孩出生,会方便点。他们结婚十几年都没孩子,为什么那段时间会有?"

年仅十八岁的陈文靖当然不会知道,已婚、诱奸以及孕期出轨是被诗词歌赋所遮蔽的、人性中最为幽暗的那一面。而1979年,女性所面对的巨大的压力可想而知。命运的历练早已使她一点一点坚强起来,她十分诚实又平静地看着儿子说:"我们一家四口就从那天开始,"又说,"还要避忌到几时。"

许鞍华非常黑色幽默地安排了一段他们夫妇朗诵《赤壁赋》,可见少年时他们身上都留下了老师的印记。林耀国平安地念完了,陈文靖念到一半,汤烧干了,于是她失魂落魄地冲去了厨房。

林耀国对儿子说:"你妈妈以前坐在我前面,我整天只能看到她背后的样子,所以我想,如果我是老师的话,我就可以每天看到她正面。"

这个梦魇般的决心,将他们四人的命运牢牢地系在一起,听起来很壮烈,日常生活又似风平浪静。直至那位糟糕的老师病重回港、命不久矣，生活才再度显露出波澜。

从前看《男人四十》，我的注意力总是被胡彩蓝和林耀国的师生互动牵引过去，可能是因为年轻。重看时却越来越被梅艳芳扮演的陈文靖所感动。年纪渐长，才越来越能感知到面对生命创伤时女人强大的内心。

在陈文靖想要送老师最后一程的那段日子里，林耀国灵魂出窍，开始和胡彩蓝频繁约会，两人甚至度过了神秘一夜。那一夜，陈文靖望着桌上给丈夫留的菜，又去拔掉睡熟的小儿子的耳机……敏感与落寞悄然泛滥。但第二天清晨林耀国回家时，她拿着吸尘器对他说的第一句话却是："衣服脱下来，我开洗衣机。"

其实林耀国常常对她发脾气，最爱说的无非是穷书生的口头禅："他们有钱是他们的事""各人头上一片天""我现在教书很失礼吗？"与其说是在生气，不如说是对自己无能的愤怒。他抱怨太太不肯丢东西："旧东西一件不舍得扔，你以为我还有钱换大房子吗？"含沙射影，既是牢骚又是报复。当然，他依然是一个好人。

林耀国追着胡彩蓝问了好几次："我们这种几十岁的老先生，有老婆有小孩，没钱又没型，你喜欢我什么？"但他却从来不问太太。倒是儿子替他问了一句，陈文靖说："如果是为了解决问题而嫁给他，为什么会过了二十多年？"

最后，胡彩蓝把语文书送给他，里面是她上课时画的他，画得一点也不好看，他却开心死了，他整个灵魂出窍时期都沉浸在这种面无表情的开心里难以自拔。他也险些成为狼师，狼师可憎，但当狼师开心啊。这条路他战战兢兢走了一遍，才看懂十八岁那个迷局。

另一方面，林耀国也挺喜欢太太，却喜欢得那么轻盈，因为少年时期他看不到她的正脸（坐在她身后嘛），他是靠闻爽身粉的味道爱上了她，结婚二十年后，睡前文靖不是在抹护手霜就是抹一些身体乳，他依然在开开心心地闻她。这大概就是他全部的爱的表现了。当然，还有爱孩子。

两年前，法国作家伊娃·易洛斯在中国出版了一本书叫作《爱，为什么痛》，其中有一节写道："男性文化在过去是（现在也是）寄生虫式的，以攫取女性情感为生却不给予相应回报。按照这个观点，男孩们/男性是'情感寄生虫'：他们索取爱，但既不会产生爱也不会回报爱，他们不给女性提供她维系感情所需的东西。"

所以，女人要维系感情，真的只能靠自己。男人不仅帮不上忙，他们连自己都靠不住。

文靖带着未婚先孕的原罪，但不卑不亢，也不诉苦。这个四口之家中，只有她一个女人。婚姻的浅滩暗礁，丈夫内心的刺，二十年来没有真正消除过一天，她无人可诉。做好人一时是容易的，为初恋赴汤蹈火也是容易的，但持之以恒是一件困难的事情，以致视为畏途，这对于压抑的林耀国、坚韧的陈文靖都是一样。

"中年危机"仿佛是男性艺术家取之不尽、用之不竭的创作源泉。所以，从女性导演角度来看，则实在有些轻盈。如果说男人中年时难免会遇上危机，那么女人早在第一次月经来临之时就不得不每个月都遇上一次危机，生孩子是危机，濒临生育大限又是危机。有的男人自带危机，有的男人不自信到觉得自己成为不了一个"危机"还需要女人去鼓励："你很厉害喔，只要你不懈努力你的出现一定会成为别人的危机的！"

好人林耀国对女学生说："做人本来就是一场考不完的会考。"胡彩蓝说："你做人真是辛苦。你上课讲那么多笑话，都是笑话书上看来的吗？"可能真是如此。

影片最后，文靖说："其实，如果你觉不能和我在一起生活，你告诉我，我可以出去找工作。"林耀国摘下眼镜说："是啊，你会中文打字嘛。房子也供完了，有空回来吃顿饭，看看两个儿子……我们游玩长江回来再说吧，我们读过许多李白、杜甫、苏东坡，也应该一起去走一趟，现在天气热了点，但如果不去，不久三峡一灌水，很多地方会淹没……"文靖一时没有反应过来，委屈得哭了。

讲真的，他又不是不知道，除了文靖，这个世界上还有谁要听他讲李白、杜甫、苏东坡……就连胡彩蓝也没兴趣，她只觉得他好玩，又有点可怜。但诵明月之诗，歌窈窕之章，终于还是逃不掉参加人生的会考。

卸了妆的张学友在《始终》里唱："无力终止，被雨点沾湿一辈子……忘掉一首感动过的诗，说得容易。"

新 腔

《心动》
"这是我第一次和另一个人一起看天亮"

十几年前我出版第一本书时就写过《心动》,那时候我很喜欢张艾嘉。五六年前为《上海壹周》采访金马电影节,遇到在电影院里演讲的张艾嘉,那是我距离她最近的一次。因为没有好的摄影机,我跪在第一排用卡片机凑得很近,拍了一张她的侧脸特写。记得她当时看了我一眼,我知道这样不太礼貌,一直很内疚。

那一年的金马短片《10+10》中,张艾嘉拍了一个失足少年的故事,更像一个母亲的眼睛里所看到的悲伤的孩子。让人想起来《心动》中,中年小柔知道浩君要和年轻的女孩子结婚,机场告别,千言万语无从说起,最后摸着浩君的头说:"剪头发了,那么老了还不剪头发。"

《心动》说的是一个特别简单的爱情故事。两个好看的年轻人，小柔与浩君，十七岁时相恋于校园。而后因为年纪太小、父母反对、经济窘迫而分开，若干年后，年幼丧父的小柔当上了服装设计师，在世界各地到处飞。两次联考失败的浩君去了日本，成了一名导游。两人重逢于日本的酒店，再续前缘。此时浩君已与小柔少女时期的好友陈莉结婚。而后陈莉坦诚自己与浩君一样，爱的都是小柔，一段痛苦的三角之恋加上灰色的同性之爱终于拨乱反正，浩君离婚后再向小柔求婚，小柔却拒绝了，嫁给了另一个人。中年以后，陈莉因病过世，小柔与浩君再度重逢，又再度告别。

现在看起来，这样"玛丽苏"的故事要说好也不是太容易。但喜欢《心动》的影迷应该都记得，浩君躺在屋顶上对着天空摄影的身影，他拍的那些照片里有日出、黄昏，有云起、阴霾，标注着日期及"非常冷"的字样。二十多年后，浩君又要结婚了，才把这些相片装在木盒子里送还给小柔，他写道：这就是我想你的日子，把它全部送给你。

因缘际会，后来我在台湾生活了近六年。重看《心动》时才发现，《心动》好像并不是一个台湾故事，虽然印象里它那么张艾嘉、金城武、黄韵玲，那么"民歌"。也许是张艾嘉故意为之，包括遮遮掩掩的路牌、双层电车、渡轮、英国式的电话亭、北角的字样、挂着中药的杂货铺、小柔看的《姊妹》杂志，甚至是盛大的圣诞节里提到要一起吃的火鸡、大屿山过夜……其实都是过于鲜明的香港符号，太刻意，反而显得不自然。

新 腔

在双层电车上,年轻人讨论着"陈秋霞好靓"。学校礼堂里却唱着《校园民歌1977》,"没有你,过去像一场电影……"点点滴滴于此看来,《心动》可能是一个台湾导演镜头下借用的香港青春,是混合的文艺。雕栏玉砌,隐身于这些虚虚实实的布置中,是被刻意混淆与遮蔽的愁肠,就仿佛张艾嘉所扮演的女导演的内心。而有趣的是,电影中日本场景的呈现却格外坦荡,建筑、路牌、代官山教室、邮递员、咔嚓咔嚓的轻轨声、葬礼,无一处不具体。这似乎是要向我们展现,女性语焉不详的内心秘密与真正的日常生活袒露的外观,就是"晴川历历"一再切换着"芳草萋萋"。

时隔多年,电影中有些重要的事我依然不明白,譬如浩君为什么要和陈莉结婚,小柔为什么不嫁给浩君,但有些不重要的事,却渐渐水落石出,令人莞尔。小柔为什么会当服装设计师,而不是导演?电影中扮演编剧的苏永康也问了,其实答案很简单,因为少女小柔躺在床上怀春时捧着的《姊妹》杂志,用黄子华的话来说:"人人都知道我想看什么,难道是想看时装设计吗?不过大人都诈作不知。"于是小柔从偷窥时装遮掩下的、躲在黄页里的性知识,到潜移默化又回到了时装事业中,矫枉过正严肃到甚至为此荒废了一段重要的感情,这些迂回的巧思还挺有趣。

旧情人还能见面吃饭、相谈甚欢,恐怕是因为他没能忘记你,你也没能忘记他。不是没有,而是没能。我很喜欢十七岁的小柔战战兢兢叫醒母亲说:"你就当没生过我这个女儿吧。"她好像真的深思熟虑过，回应了母亲说"不与浩君分手就断绝母女关系"的要挟，最后被伤心的母亲一顿暴打。我也很喜欢浩君与父母谈判，浩君说："我想我这次还是考不上……我根本不是读书的料，不如早点出去工作，我也想到外面去闯一闯，爸爸妈妈，对不起。"而后他在母亲的怀里哭了。两位母亲也有简短而精彩的角力，小柔母亲哭哭啼啼说："小柔爸爸过世以后，我最担心的是，万一小柔有事，我要怎么过下去，或者我有事，谁来照顾小柔？"而后她语带羞辱地问浩君："你养得起她吗？"浩君的母亲则替他回答："他养不起，我们家还养得起。"浩君母亲与浩君一样柔中带刚，沉默又隐忍。小柔母女则要玲珑多了。

印象中从1977年到1989年，台湾开始了"十大建设"，是产业升级及国际化的重要时期。张艾嘉虽然想说的是一个简单的爱情故事，并且有意用香港取代台湾，使之成为一个不那么地域化的故事，却无法回避潜意识的巨大影响。总之那几年，还抱着吉他的浩君，在小柔的眼中除了颜吸引力、性吸引力、关怀的吸引力之外，一定还少了一点别的什么。这一点可以说是小柔的任性，也可以说是编剧说的"现实"，硬要推给时代的蛮力作祟，也不是不可以。坚持爱一个人比单纯养一个人辛苦多了，可惜小柔并没有勇气面对浩君漫长的思念与牺牲。与小柔分手以后，浩君带着一千美金去了日本，成了一个非常普通的新移民。小柔则留在故地，反而风生水起。很难说她到底幸福不幸福，她自己都认为，和浩君结婚也不一定真的就幸福，这真的很女性。百折千回，顾左右而言他,就是不愿意承认有多久没见你,还是想再见你。

但小柔始终没有忘记,在渡轮过夜的那一天,她看着天光喃喃自语:"这是我第一次和另一个人一起看天亮,不知道结婚是否就是这样呢?"而一旦切换到"晴川历历",真实世界里的她又说:"不相信你去问那些结婚的人,一早起来是亲吻老公老婆重要,还是上厕所重要,我觉得还是上厕所比较重要。"中年小柔找了更多台阶给自己下,但她下台阶的样子,也不是真的很从容。

两个相爱的人一起长大、依然相爱就已经很梦幻。浩君求婚一段,对小柔说:"你去过的地方我都没去过,一定很好玩。"小柔则回答:"不好玩,很怕再去。"恐怕是最认真与最无奈的坦白。她忙归忙,依然没有空嫁给他。或者只是不想,又或者,是知道永远不会失去他,这种"知道"是不道德的,太年轻的时候,却还想去不好玩的地方多看一眼。

奇怪的是,和《玻璃之城》一样,年轻时的恋人好像讲的都是废话;中年以后,旧情人好不容易见面,却总是在说当初反对过他们的父母亲。韵文对港生说:"连我妈都去了温哥华……还改了一个英文名叫Nancy,像个舞女名。常常两边飞来飞去,怪风骚的。"

小柔对浩君说:"怎么样,是不是觉得我妈老了很多?"
"不会,不是很老。"
"她常常说有病,不舒服,中医西医都看过了。"

"是真的有病,还是太紧张?"
……

金燕玲演了《玻璃之城》中韵文的母亲,就是后来叫Nancy、像个舞女名的那位,又演了《心动》里小柔的母亲,也就是浩君说"不是很老"的那位,说这话的时候,浩君大概已经忘记年轻的自己还曾看着她的照片说:"就是她不让你出来啊?"在《心动》里,小柔母亲说:"妈妈最大的武器永远是自己的母爱。"但妈妈保护的,也是妈妈破坏的。妈妈的武器永远不会退休,用武之地也并不广大,最终也不过是知道自己糖尿病,还吃了浩君送来的一块甜点,问一声女儿:"我们什么时候去日本玩啊?"

遗憾是自己亲手铸成的,这样的事又何必逐一拆穿。听说张艾嘉花了很多钱拍摄最后浩君和小柔依靠着大树看沧桑变幻的特效。"心动"到底是什么呢?可能是有些很蠢的问题,曾经显得很重要,占据回忆又觉得羞愧,不知从什么时候起,居然再也没有人值得问起:

他到底在看谁?
那个女的真的是她的表妹吗?
你那晚为什么不请我跳舞?
谁是Robert?
两个人在一起不需要钱啊?

反正你也不想见我,也不在意我,电话也不跟我讲?我们现在像是在一起的吗?你什么事都不告诉我。

你为什么不找我?

不是要开会吗?

那是谁先放弃谁呢?

你到底考不考得上?

我还不尽力啊?

……

《甜蜜蜜》
"你比我爱人重"

好几年前，我在一批出清的电影杂志里，看到一篇陈可辛的访谈，说到电影《甜蜜蜜》时，他说："李翘永远属于豹哥，但她在人生不同阶段，会遇到不同的黎小军。"印象很深，但当时也不是特别懂。

这些年，我每年都会看几遍《甜蜜蜜》，有时就开着原声音乐，听听黎小军刚到香港时给"亲爱的小婷"写信，信里说的那些并不重要的事；还有李翘站在大雨中，大喊"水头充足水为财"，很振奋，觉得台湾天天下雨，自己也会发财。而我仔细去想为什么《甜蜜蜜》会给我带来一些隐秘的情感力量，可能和爱情关系并不大，和我到异乡求学的体会倒更有关系。

去年电影重映时，我又去电影院看了一遍。《甜蜜蜜》说的故事其实是外来务工者的爱与无奈。比起豹哥文身的米老鼠，如今我更喜欢李翘在黎小军面前吃蛋糕说给家里盖了房子，但房子还没盖好妈妈过世了这一段，她说家里已经没人认识她了。然后一直吃一直吃，这种吞咽感特别生活。

黎小军偷凤爪给李翘"以形补形"也很感人，李翘太累了，她一个凤爪也没吃。她也不知道一个老实人装傻一点一点偷这些凤爪的心意，她就不想补这个形，也不想当个不累的按摩师。黎小军说我们多付一点钱过夜好了，李翘马上就醒了，说不行，过半小时要叫我。警惕又辛劳。这中间有很沉重的生计，有一个移民内心小小的、顽固的使命感，生计中又有性情。这种对话令我觉得，其实这两个人也说不到一起去，但说不到一起去的那些事情吧，也不是太重要。

《甜蜜蜜》有一个很有趣的设定就是"almost a love story"，黎小军可以毫无负担地对李翘说，"你比我爱人重"。电影里唯一一次说到"我爱你"，就是黎小军对亲爱的小婷说的。那一段移民生活，黎小军心里最确凿的爱情就是小婷，很久以后他会怀疑怎么好像不是这样的，不是心里以为的那样，但到底是怎样的，木讷的他也说不清楚。

虽然杨恭如演的小婷很糟糕，但从日常生活的自我扮演来讲，其实我们每个人演"自己"，都可能演得乱七八糟的。在那个年代，"我有个男朋友在香港，他会接我去结婚的"人设要怎么演呢？怎么演都是有点神经兮兮的。而有时我们会很清楚，初恋的意义，有时并不在美丽，而是我们曾经坚信过的事情，后来不知怎么的就动摇了。小婷可能也动摇了。早一点动摇、晚一点动摇、谁先动摇，其实也不是很重要。而时过境迁以后，我们悄悄原谅了这种动摇。因为在那个年纪，就连动摇都那么真挚，似乎一切都是情有可原的。

我很喜欢黎小军写给"亲爱的小婷"的那些信，他从来不给李翘写信。"信"这个东西有潜在的确定性，比方地址只能有一个，对象也是特定的，写信的时候需要全神贯注，只对这一个人说话，也以为全世界只有她在听，这很梦幻，也很初恋。当然信也是可以写给很多人，但围绕着这个特定的物象，很多故事都是由非收信人开启了信件而展开的，大部分结果都不太好。

对黎小军而言，李翘这个人是真实有过的，但没有语言可以命名，李翘是"宁愿相信"的无言。总之黎小军跟李翘是没有那种"确凿"的东西的。这要怎么形容呢？就好像始终处于一种"快要""接近""几乎就是了"的那种爱的境遇中。这和新移民的身份认同也是有关系的，和这个新城市的扎扎实实生计的联结、情感的联结都十分熟稔，暧昧到亲密的那种程度，但是就是不"确凿"，始终是漂浮的感觉。所以有的爱情就是确凿的，像出生地一样确凿，有的爱就真的没办法很确凿。

这是我心中的《甜蜜蜜》，谜一样的。

新　腔

《玻璃之城》
"人生有你一定要走完的缘分"

我还在念高中的时候，看过张小娴写过一个故事，说一个丈夫车祸身亡，赶去收尸的太太十分难过，但最后发现男人是死在去看望情人的路上。这样的故事，写出来令人尴尬，但不知为什么，被张婉婷拍成电影《玻璃之城》，反倒令人很感慨。

早几年我很喜欢黎明。所以说完《甜蜜蜜》，不能免俗地提到《玻璃之城》。念大学的时候，有两部电影最像初恋，一部是张艾嘉的《心动》，另一部就是张婉婷的《玻璃之城》。用许常德的话来说，它们拍的都是——"人生总有你一定要走完的缘分"。缘分长长短短，最终三餐一宿花落谁家，太年轻的时候总是看不清楚。

1997年的伦敦除夕夜，港生和韵文在众人新年的欢呼声中，因车祸丧生。两人都已近中年，分别有自己的家庭、孩子。他们曾是一对校园情侣，在一起的时候很轻易，分开的理由也不那么特别，异地、误解、运气。总之，到中年以后，两人重筑爱巢，青春在鱼尾纹中悄然自缢，但感情似乎还在，又很坦然。他们的事吧，大家都知道。正因为大家都知道，反而不必过于躲藏。如果没有这场车祸，他们看似可以一直维持这样的关系。但仔细想来，好像也不尽然。

港生的儿子与韵文的女儿，在尴尬地为父母的偷情收拾残局的过程中，一点一点了解了从来不曾懂得的父辈，在三十年前内心所遭遇过的澎湃与暗礁。如果说《甜蜜蜜》说的是almost a love story，是漂浮的不确凿的感情，《玻璃之城》中的爱情倒是很确凿，但爱的确凿却没办法掩饰命运的"不能选择"，从这个角度而言，香港导演实在很会对"爱情"这件事提问题，也很会通过"爱情"来表现人的历史处境。

《甜蜜蜜》拍的是1996年的新移民心境，《玻璃之城》则是1998年的爱情片，中间隔着"焦虑"。City of Glass的隐喻，是因为玻璃有镜面，它本身也很脆弱，如果城市的边界是玻璃，那它就是一个封闭的容器，会令人想到碎、光、凉、隔……总之是非常悲剧化的一个意象。但在电影中，就连这种象征都是暂时的，夹杂着回忆的映照，很快就破碎了。

如果不是为了保钓，邮递员之子港生就不会辍学去法国，他和韵文就不会分开。一段港英时代的旧情，难以逾越到新时代，恐怕也是一曲知音的挽歌。韵文母亲烧纸的时候对外孙女说，那个时候你妈妈打很多份工，她是真的很想去法国，但是她一句都没有说。然后说韵文一个月可以赚很多钱，一句话混用了上海话和广东话，"欤额辰光七百多块，猴巴闭噶"。我就想，为什么不是"塞雷"呢？广东话"巴闭"好像也不是什么好词，很幽微，大致就是对外孙女说，你妈妈啊她那个时候自以为了不起，逞强啊。或者呢，对港生有一点责怪和嫉妒，但毕竟都是几十年前的事了。母亲想起几十年前女儿咬着牙喜欢过的那个人。而且，韵文后来无言地放弃了。妈妈知道多少呢？都是命了嘛。那秉正有没有想过韵文"猴巴闭噶"？他知道，但是没有办法，没有办法还要帮她，这就是爱，日常生活的爱也很坚韧，还会越来越坚韧。

　　扮演港生和韵文后代的两位演员演得也很青涩。他们几乎是互相观看了一段父辈的感情史、生活史，这背后有时代的变迁，也有旧意志的松懈和瓦解。这种隔代的观看是煎熬的，所谓的"深受感动"恐怕也是导演柔软处理的部分。是这段婚外爱情的"不能选择"，造成了他们的出生，如果港生和韵文有选择，其实就没有他们了。他们的身世是站立在父辈们曾经模糊的"不能选择"之上的，他们的身世也是对父辈心意的否定。以至于父辈的心意只能 try to remember，更确切地说只能 try。

　　重逢时港生对韵文说"希望你会记得，我们在一起的每一日，都是那么开心，我都是那么爱你"时，他是暗的，韵文是亮的，然后韵文走到了看不见的地方，港生的脸转为半明半暗。这一幕也很有意思。他们彼此照亮、彼此熄灭，他们只能拿出一半的自己，为往事接续上一点真心。

有一个镜头好像是陈奕迅站在黎明和舒淇单独见面的楼梯间，偷听着两人说话。楼梯间与伦敦桥都是很有趣的一种设置，是联结感很强的象征，如主人公分别给自己的孩子取的名字也都叫"康桥"，孩子同样是一种承衍、一种链接。桥是一个什么东西呢？桥注定联结两端，是一种准入。像人们跨入新年，看似顺理成章，却也要一秒一秒数过。

港生和韵文是1997前的"情"。张婉婷用爱情来装载说不清的"世事"，去摄下年轻恋人眉头真切的乌云，其实就是尝试去理解人人都会遭遇的爱的难题：明知道早晚会分开，为什么还要在一起？明知道再撑一下也许还有未来，为什么就再拿不出一分一厘的意志力？

"只有十分钟了，赶不到了。"韵文在电影里说。

最后港生和韵文在这之间死了，没有去向任何一端，走完了他们一定要走完的缘分。

新 腔

《花样年华》
"出去买碗面,还穿得真漂亮"

几年前,我记得朱天文说,她在看《花样年华》的时候哭了,但当时一起去的朋友好像没有多大感觉,她说她听到电影里的那些歌,就想到自己小时候,因为那都是她小时候听过的歌。后来我照着原声碟看,《花样年华》中插入了非常多混杂的音乐,有歌曲《双双燕》《月儿弯弯照九州》《花样年华》,也有京剧《四郎探母》《桑园寄子》,还有越剧《情探》、评弹《妆台报喜》、粤剧《红娘会张生》……这些歌隐隐约约出现在背景音中,我们很容易就能想到这是一栋怎样的公寓,又住了些怎样从天南海北到来的人。

我有个朋友是评弹演员,叫陆锦花,和越剧中演过《情探》的老艺术家陆锦花同名。去年,他们出了一张评弹爵士专辑叫

《新乐府·评弹：腔调》，她带来台北送我，大风里，又匆匆忙忙回到后台。当时我没有CD机，特地找了有车的朋友，放了一遍。我很喜欢其中一首《情探·王魁负桂英》。上个月在上海音乐厅现场听了一遍，依然很动容。

这是一部非常著名的戏剧作品，出自明传奇《焚香记》。故事说的是"落难公子中状元"的古老故事，王魁抛弃了曾在他最落魄时帮助他的妓女敖桂英，后入赘相府，觉得"蒙那小姐，待我十分恩爱，真是艳福非浅"，变了心，写了休书，送了两百两银子给自己已经看不上的太太，后来桂英自尽。戏词里"奴推窗只把郎君望，不见郎骑白马来"，和电影中苏丽珍后来带着孩子回到原址凭吊，她站在窗前，眼眶渐渐红了，居然可以互文。

她也许被骗了，被蒙在鼓里，被作为报复的途径，又或者，被诱惑以至于不愿意深究分明能看清的种种陷阱……她接受了，也走了自己该走的路，但这并不妨碍繁重的生活琐事再难以淹没她心中的一个谜语，那个人变得有些喧宾夺主，她还为此感到内疚。痛苦是因为还想得起那些"欢笑"，总不是因为眷恋自己狼狈。

许多人研究王家卫的电影，我是门外汉，只是年纪渐长，对于感情的理解似乎也与早年十分不同。其实从《阿飞正传》到《花样年华》到《2046》，王家卫电影中的女性地位是不高的，也不聪明。他似乎很执着、很倾情地说着一个很简单的道理，就是女人很美，但女人总是被骗的，最终是会被抛弃的，但她们依然很美。用现在流行的话说，这可以算是唯美版的直男癌电影，很不讨喜，但很多女生都喜欢他，这又很矛盾。

往好的方面想，也许王家卫觉得人与人之间的沟通本身就是可疑的，不只是男女，沟通存在着很大的困难，还不如把沟通简化为一种观看。"长久"这个词实在太空洞了，"世界上每一样东西都有一个期限"，遇见本身就意味着一种倒数，也可以不倒数，但"期限"恒在，好日子、坏日子，想念、忘却，都有期限。所以他特别热爱"不辞而别"，这种微弱的抵抗与其说是一种抗争，不如说是恐惧，他在恐惧什么呢？

而如果彻底拿掉女性角色，好像做一个实验，王家卫式的沟通就变得明朗多了。如《春光乍泄》，拿掉了女性，就忽然变得清晰妥帖。很奇怪，它不仅仅是没有女性形象，更重要的是，男的也不再承担荧幕上最大的桎梏，即塑造普通女人想嫁的那种人的任务。其实只要是承担这种任务的男性角色，就会变得很不自然。我也不知道为什么。无论是"你轻得我可以一路背你到汉城"（电影《假如爱有天意》），还是"你忙归忙，什么时候有空嫁给我……"（电影《心动》）之类的。

感情里有很多时差的、摇摆的、变化多端的、不确凿的、无话可说的成分，最欠一锤定音。我们什么时候感觉到爱意，也许并不是生活变得更好的那些契机，而恰恰是恨意难消解、离开又舍不得，怎么也走不下去了，分开又寂寞。在这种时候，爱是为了"互帮互助成为更好的人"这种台面上的说辞被彻底省去了，谄媚好像也没有多大用场。王家卫似乎告诉我们，当两个人在一起不是为了过日子，也不是为了同舟共济的时候，有些超越日常生活的、非凡的东西诞生了。

今年一月，社科文献出版社出版了一本叫作《我爱你：关于爱情的理论》的书，作者是一个意大利人，叫Francesco Alberoni。书里写："主张深情是一种对死亡的渴望……他认为情人充满矛盾，他们相爱，又处处与自己的爱情过不去；他们感到内疚，又持续做不该做的事情；他们说谎，却声称自己是无辜的；他们分手以便重逢……"很有趣的是，这似乎就是在说黎耀辉与何宝荣。

有次我们说戏，陆锦花问我，桂英为什么要去死呢？她可以好好活下去。

用《花样年华》里另一段弹词好像可以回答：

千分惊险千分喜，好比那浪里扁舟傍水涯；
千分辛苦千分喜，好比那万里行商已到家；
千分着急千分喜，好比那断线风筝有处拿。

千分惊险、辛苦、着急是狼狈没错，但往昔的"喜"值三千分，有什么办法呢？一心一意是豪赌，天长地久也是，在"期限"这个游戏里，她输了。

苏丽珍就是千变万化的桂英。

新 腔

《最想念的季节》
"无论如何,是她诀别他的"

第54届金马奖,张艾嘉携其新作《相爱相亲》参展,却铩羽而归。此前,《相爱相亲》跑了不少校园做宣传。来复旦的那天,我也去看了。这距离上一次我以群访记者身份见到张艾嘉,过了五年的时间。

那一年,张艾嘉导演了影展短片《诸神的黄昏》,原作出自一篇文学奖作品,写的是教诲师写给死刑犯的一封信。当时张艾嘉说:"我想讲一个比较沉重的题材,就像每天我们打开报纸看每一件新闻的时候,尤其是本地的新闻,我们的心情到底是什么,我们跟新闻的关系是什么。"

慈悲与正义,可能是年近中年的张艾嘉心中想要接近的创作路径。但兜兜转转,她依然回到了轻巧、从容的老路上,舍不得自己的有趣，亦从未绕开对男性的包容将世界看得更严酷一些。

我小时候很喜欢张艾嘉，因为她温暖、文艺又有才情。年纪渐长则越来越感同身受于一个人一辈子坚持做自己喜欢的事情，可能也是需要相当的勇气和意志力的。抵御轻蔑，抵御误解，抵御失败，抵御自我重复，抵御女人之为女人的种种压力。她可能并没有自己表现得那么坚强，她可能也知道自己的局限。

更重要的是，张艾嘉那么多年都悉心陪伴和教育着更年轻的女性观众，"等你长大，长大你会懂了"。长大以后，女孩子们的确是多懂了一些道理，但她没有说清楚的是，懂了以后又怎样呢？

关于电影《相爱相亲》，我不太明白的是一个台湾故事为什么要生硬地移植到郑州？就好像早前写过的张艾嘉导演的电影《心动》，同样是一个被强硬移植到香港的台湾故事。这里面当然有导演的意图，但更显出个性。可见张艾嘉的温情、俏皮一以贯之，就连固执与自信也是如此。她总是有一些慧黠，又有一些任性，包裹着一些偏执、偏执中又有无私的爱，当她越来越像我们母亲的时候，我们也能照见那个在家庭生活内部对母亲的所作所为有诸多保留评价的自己，我们总是会原谅她的。

《相爱相亲》的叙事节奏其实非常像陈坤厚在1985年导演的轻喜剧《最想念的季节》，编剧是侯孝贤、朱天文等等，主演是李宗盛、张艾嘉、吴念真……电影开篇就是扮演打字行老板毕宝亮的李宗盛跳了一会儿广场舞。他即将被张艾嘉所扮演的廖香妹选中当她肚子里孩子的父亲，有些手足无措，但也不乏期待。

廖香妹是时髦的都会女性，爱上有妇之夫后又决定爽快地离开，唯一的现实问题是要为尚未出生的孩子借一个姓，所以她需要一段合约婚姻。这又现代又传统的故事自然引发了一系列笑话。廖香妹第一次去跟毕宝亮谈判，两人初次见面就要谈结婚、离婚，尴尬得无以复加，她突然问："那你是什么星座的？"朱天文在小说里写出了电影中无法道明的原委："总之她理直气壮开始为她的孩子找寻姓氏，说她理直气壮，是因她亦晓得自己是年轻漂亮的。"

《最想念的季节》这部电影上映时没有引起很大的注意，不曾得过奖，听说也不十分卖座，尽管它轻松幽默、先锋又充满人情。但张艾嘉自己很喜欢，在她此生出演过的近百部电影中，她自认最喜欢《最想念的季节》。因为这突破了之前她经常扮演的柔弱的传统女性角色，与她自己的个性较为接近，那是在二十世纪八十年代，如今的她要演绎强势、固执又惹人怜爱的女子可谓驾轻就熟，甚至有些偷懒了。

如果我们将时光倒转至2004年的《20，30，40》，会发现一些有趣的端倪，譬如她从《最想念的季节》中继承而来的女性意识更为突出了。20岁的李心洁、30岁的刘若英、40岁的张艾嘉所呈现出的当然是不同年龄阶段的张艾嘉本人对于女性生命的看法。

20岁的女孩子喜欢唱歌跳舞，对亲情的世故程度远远超过爱情，冷不防就晕晕乎乎爱上了闺蜜。30岁的女孩子周旋于复杂的感情生活中，找一个爱自己的人看似挺容易，找一个对的人却难上加难。40岁的女人面对丈夫的不忠与孩子的青春期，想要重新出发再入情海难免要动一些无伤大雅的心机。

她们内心都还保有一些小小的娇嗔和期盼，将信号投掷给男性，那就是"那你什么时候来接我啊？""你来不来接我啊？""你镜头里有没有我啊""你以后不要再打电话给我了"（我生气了啦）……那么过了50岁以后，张艾嘉终于在副驾驶座上爆发出"这个车王太太不许坐！"（电影《相爱相亲》）所以她究竟是成长了还是没有成长呢？《20，30，40》依然有向天向地向老公向男友索取不到的东西，只能靠喊一喊就认命的东西。是什么呢？

相比《相爱相亲》，《20，30，40》的坦诚和任性更要可贵一些，张艾嘉几乎不去掩饰自己看似"女强人"形象背后的困惑。刘若英扮演的空姐，从小被妈妈逼着弹钢琴，还是小女孩的她不懂是为什么，母亲说："万一以后你老公不要你了，你还可以教钢琴养活自己。"小女孩问："我老公为什么不要我了？"母亲说："这不重要，重要的是现在就要做好准备。"她准备了什么呢？弹钢琴吗？后来，刘若英嫁给了想买她家钢琴的男人，一个独自抚养女儿的鳏夫。

"我老公为什么不要我了？"好像屈原在问天。这种莫名其妙的不安始终缠绕着张艾嘉视角下的女性，从20岁到70岁都不能幸免。如今的她已经不怕这件事了，但她依然在念念。

好像《最想念的季节》里，廖香妹怀了有家室的老板的孩子，去找个老实人借个姓氏，生活的力量那么强大，荒谬相遇的两人磨合得越来越好的时候，孩子却流产了。这种十分小说的情节设置，取消了事件一开始的意义，反而让时间停止了，反思登场了。廖香妹心里想，"无论如何，是她诀别他的，走得那样决绝、美丽，叫他一辈子忘不了她"。这和《相爱相亲》里老太太说的"我不要你了"都是差不多的，好像是女人在毅然决然地实现自主，其实呢？

没有能力处理好感情问题的男人为女人互相伤害创造了无穷无尽的反思空间。从"当初不是说好不在意的吗？""你说过不会逼我的"（《20，30，40》）到"就算住在一起一辈子，也不能说明就是相爱啊"（《相爱相亲》），张艾嘉也是遍寻不着一个合适、不尴尬的、谅解的表情在镜头里面对，她依然是困惑的。

《相爱相亲》中我印象最深的是张艾嘉扮演的母亲慧英，带着女儿路过牌坊的时候，女儿问牌坊是什么意思，慧英没好气地说，就是"女人难做"。如今，"女人难做"越来越成为女性电影的核心议题。《七月与安生》里的母亲说"女孩子无论走哪条路，都会很辛苦……"又或者是《嘉年华》中"下辈子再也不当女的了……"

女人难做，又不是今天的新闻。可是"女人难做"的事被当作新闻来做，才是真正的悲哀吧。我有时觉得，《最想念的季节》里朱天文写的"她这种人，可以跌得鼻青脸肿不怕，却绝不可以容忍自己眉目不扬",大约比直接说出来"我就是害怕跌得鼻青脸肿"要难得多,因为"跌得鼻青脸肿"还可以是轻喜剧,还可以成为契机,可"容忍自己眉目不扬"的话,聪明如张艾嘉都还没想好怎么来转机。

新腔

《青蛇》
"那是叫人软弱无能、万念俱灰的快乐"

听说最近因为韩剧《经常请吃饭的漂亮姐姐》，人们又开始憧憬起姐弟恋。事实上，中国古代最经典的姐弟恋人设，莫过于许仙与白娘子，两人年龄相差了一千多岁，是中国民间最广为流传的凄美神话故事之一。

从唐传奇《白蛇记》到南宋话本《西湖山塔记》都有白蛇精的传说。而实际上一直到明代的《白娘子永镇雷峰塔》，都看不出许宣对白娘子的爱有超越凡夫的勇敢。故事里是许宣亲自去找法海求救，也是许宣亲手用钵盂罩住了刚刚生产完的妻子。白娘子只能在钵盂内道："和你数载夫妻，好没一些儿人情！"

《白蛇传》的故事脉络我们耳熟能详。经过千年修炼而得道的白蛇白素贞，带着同样经过修炼的青蛇小青下凡寻找幸福。这本来是一个越界的爱情故事，人妖能不能共处的问题被预先悬置，甚至越过了。人妖不仅可以共处，还可以相爱，可以生活，可以生孩子。

白蛇故事的开篇几近浪漫，游湖避雨，借伞采药。白娘子多情、善良还很能干，会治病救人。除了妖仙的身份外，她完全是个古典贤妻的面貌。白素贞一改中国古代蛇类凶恶阴狠的糟糕形象，一直在报恩，一直在救人。她设计让喜欢的男人爱她，但同时也愿意为了所爱的人去死。"端午惊变"冲击了这段跨界恋爱的忠贞，法海的镇压反而令不少观众感到反感，觉得他太过冷漠无情，破坏了一段佳话，是因为妒忌人间有情人。这实在是"白蛇故事"历经世俗化后的奇妙表现。

1986年，李碧华反而调用了青蛇的视角来展开故事新编，重讲这段悲剧爱情故事的同时，顺便讲了讲女性的友谊。五百年道行的青蛇本来只爱姐姐，每天与姐姐痴缠在一起，是姐姐要变成人到西湖玩一玩。她不理解，也不想变人，因为走路会很不方便。但因为姐姐喜欢，她就努力学习当人。

姐姐与许仙一见钟情，小青不知道什么是情，也不知道什么是男人，但姐姐喜欢的东西一定是好的吧，所以她也喜欢。她眼见姐姐为爱开始不断撒谎，姐姐明明智商比许仙高这么多，却心甘情愿哄着他、惯着他、陪他玩、陪他欢爱。

小青不知道他们有什么可高兴的，但姐姐见到许仙就高兴，她见到姐姐高兴也高兴。她很想模仿姐姐去喜欢许仙，对许仙做姐姐做的事，许仙并不拒绝，姐姐却不高兴了。姐姐让她去找别人，她也不懂是为什么。姐姐开始像人类一样哭泣的时候，小青摸着她的眼泪，很羡慕。

端午之后，姐妹面临诸多困局，尤其是姐姐还怀孕了。许仙一会儿怕她们一会儿又需要她们。法海强势收妖，刚分娩完的姐姐筋疲力尽，嘱托小青一定要找到许仙。小青在找到许仙那一刻，也有了人类的眼泪。

徐克将电影《青蛇》的高潮，放到了小青带着已经出家的许仙在大水中对白素贞痛苦地嘶喊："我帮你找到许仙了，姐姐，你回来呀，你不是让我帮你找许仙吗？"许仙也在一旁问："姐姐在哪里呢？"看到姐姐一点一点消失在水中，小青对许仙说："你应该和姐姐在一起的。"然后刺杀了他。

小青依然不太知道对男人的爱是什么，但她终于了解了人类看似美妙的爱情中裹挟着的背叛、撕裂、痛苦。她曾迷惘地问过姐姐，你对许仙的爱是爱，那我们五百年的感情是不是爱呢？而后她看到了姐姐不解的表情，心下十分黯然。但即使如此，她还是没办法不为姐姐去害人、不为姐姐去救人。

李碧华写道："对于世情，我太明白——每个男人，都希望他生命中有两个女人，白蛇和青蛇。同期的，相间的，点缀他荒芜的命运。只是，当他得到白蛇，她渐渐成了朱门旁惨白的余灰；那青蛇，却是树顶青翠欲滴、爽脆刮辣的嫩叶子。到他得了青蛇，她反是百子柜中闷绿的山草药；而白蛇，抬尽了头方见天际皑皑飘飞柔情万缕新雪花。每个女人,也希望她生命中有两个男人,许仙和法海。是的,法海是用尽千方百计博他偶一欢心的金漆神像,生世位候他稍假词色,仰之弥高;许仙是依依挽手,细细画眉的美少年,给你讲最好听的话语来熨帖心灵——但只因到手了,他没一句话说得准,没一个动作硬朗。万一法海肯臣眼呢,又嫌他刚强怠慢,不解温柔,枉费心机。"这当然典出张爱玲的红白玫瑰。李碧华自己觉得《青蛇》写的是"勾引",勾引的荒唐映照了世相之下每个人的贪婪和丑陋。

但到了电影《青蛇》的再度改编中,许仙从来没有得到过青蛇,也没有失去过青蛇。"他没一句话说得准,没一个动作硬朗",在青蛇眼里,他没什么地方比得过姐姐,唯独姐姐的爱让这个普通的男人开始熠熠生辉。

小说里刺杀一段写得较电影更为惊心。姐姐说:"小青,我白来世上一趟,一事无成,半生误我是痴情,你永远不要重蹈覆辙,切记!"小青无限伤痛,心颤肉跳,转头不假思索提剑直刺许仙心脏。许仙几乎是难以置信地连痛苦都来不及就即刻死去,她什么也没有对这个男人说。她也痛恨法海,要回去继续修炼,日后再来找法海报仇。

回过头来看,小青与白素贞的友情之初,小青曾说:"你比我漂亮,法力比我高强,又比我老——"居然连一点嫉妒的成分都看不到。她说"姐姐,许仙并不好"时同样那么由衷。她问姐姐,男人有什么好?姐姐说:"怎么说呢,那是叫人软弱无能、万念俱灰的快乐。"

一段五百年的姐妹情却不敌短短几年的姐弟恋,真令人想到身边见过的很多心酸事。想到小青说"又比我老……"时的天真负气,又觉得可爱。"情"字那么广大,"万念俱灰"并非只针对爱情而言,也可以是冲着自己锥心刺骨的友谊而来。

我们白来世上一趟,一事无成,但我们女性却是有这样配得起"万念俱灰"四个字的情义的,这是《青蛇》的温柔。

《胭脂扣》
"如果，你也有一点真心"

用如今的话来说，李碧华的小说《胭脂扣》已经可以算是一个大IP。小说自1985年初版以来，不知翻印了多少次。关景鹏的电影，因有张国荣和梅艳芳增辉，无意间也翼助后世再度传播。

如今打开电视，我们依然会看到与《胭脂扣》有关的种种搬演、再现。如花与十二少的爱情，三十多年来被谈论得那么多、那么深。从"如果，你也有一点真心"到"我为什么为你放弃锦衣玉食娇妻爱子？我又为什么为你虚耗芳华谢绝一切恩客？"我们好像围观了一对痴心女子负心汉的生离死别，终于一同检阅到苦情荒谬。实际上《胭脂扣》带来了一种对情爱、对世间风物的幽怨气息。虽然鬼气森森却不令人害怕，甚至让人同情。

《胭脂扣》的故事很简单。青楼女子如花因无法与富家子弟十二少结婚，双双服毒以求殉情。但十二少当日并没有死成，反而结婚生子，挥霍余生。如花在黄泉路上苦等情郎不得，五十年后返回阳间寻找旧情人。如花找到报馆广告部职员袁永定帮忙，牵起一段香港旧风俗的访问调查。如花一路寻找旧爱的过程，也在帮助八十年代的年轻人寻找历史。待如花再见到潦倒的十二少时，她归还了定情信物胭脂扣，决然而去。李碧华写道："我们都不懂得爱情。有时，世人且以为这是一种'风俗'……世间女子所追求的，都是一样滑稽。"

重读《胭脂扣》是个有趣的过程。一方面，如花的所谓"大限"恐怕暗指九七新时代的来临；另一方面，时代变迁本就是我们时时刻刻都会经历的事，一点一滴的，化成了往事。书信时代的情侣，BB机年代的男朋友、摩托罗拉时代的女朋友，再到如今"女朋友想要iPhoneX，我该怎么做？"情怨的本质没有变，但物质化的外观变化的速度却越来越快。

《胭脂扣》开篇就问了奇怪的问题："电车没有来。也许它快要被淘汰了，故敷衍地怅惘地苟活着。人们记得电车悠悠的好处吗？人们有时间记得吗？"可见李碧华完成小说时也许正受到香港地铁通车的影响。交通工具如旧人、旧爱一样被新时代所淘汰，被苦苦追索着昔年情义。袁永定第一次见到如花，"因见不到她的脚，不知穿什么鞋"。好像我们看得到电车之轮，却看不到地铁的轮子一样。

有一段故事情节比较少被提及。如花意识到与十二少得到圆满最大的障碍是来自他家庭的阻力,不仅亲自登门拜访、受辱而归,更寄希望于十二少能自力更生。于是如花求华叔收十二少学唱戏,贽仪美金一百块,是她敲别的客人竹杠得来的。自己的卖身钱用来让情郎学本领,为的是要十二少能"自食其力"。袁永定问十二少知道吗,如花说:"他不必表示'知道'。"

"他不必表示'知道'",真是很有趣的话。

袁永定又问,那"十二少有没有红起来?"

如花说:"不知道。"

李碧华在此处写:"女人通常讲'不知道',真是巧妙的应对,永远不露破绽。"

做鬼都做得有明暗、有分寸,很可能是因为在那些"知道"与"不必知道"里,如花和十二少都不开心。小说里写,如花有时关上门,能听得到门背后十二少号哭。最讽刺的是十二少后来登台,母亲在台下看到自家儿子终于"自食其力",伤心欲绝回去大病一场。儿子能自食其力,在母亲看来就跟完蛋了差不多。男人都不像男人,都是如花害的。

《绣襦记》里男人不上进,却推说是因为女人长得太好看影响他读书,害得女人刺目毁容,而后"一个越升越高,一个越陷越深"。《胭脂扣》里旧派男人玩不丢人,自食其力才是丢人现眼。如花的"不知道"里,苦衷真是复杂得难以言说。

李碧华设计这一段,恐怕是为了派生缘分的深意。做戏要"有起码的台缘。要知登台演戏,最重要是第一眼。——当然在爱情游戏中,最重要的,也就是第一眼"。第一眼的妙不可言之后,接踵而至的却不是天长地久,而是数不清的自我绑架、自我说服。

"挨穷不难,只要肯。但你敢不敢?二人形容枯槁,三餐不继,相对泣血,终于贫贱夫妻百事哀,脾气日坏,身体日差,变成怨偶。一点点意见便闹得鸡犬不宁,各以毒辣言语去伤害对方自尊。""我肯定他们白头到老,但不保证永结同心。"

我们不要忘记,如花与十二少殉情,实际上近似一场谋杀,正义与邪恶只在如花的一念间。两人颇有仪式感的相约,约的是分手——"三天之后,你来倚红找我一趟,一切像我们初会的第一天。穿最好的衣服,带最好的笑容,我们重新温习一遍。即使分手了,都留一个好印象。"而不是自杀。

"如果,你也有一点真心",并非哀求,而是凛冽又恐怖的试探。如花不甘心情郎就这样和定亲的闺秀过好日子,所以在十二少吞鸦片之前,先在酒中混入了安眠药,最终反而救了十二少一命。如花死意坚决,保存了美貌。黄泉路上喝了孟婆汤,见到许多明星都能认出来,是李碧华独有的幽默。"你一定不相信,我在苦侯十二少的路上,碰到不少赶去投胎的女人,她们都是自杀的。我见她们虽有先来后到之分,但总是互相嘲笑。说起身世,差不多全是邵氏女明星。"有乐蒂、林黛等等。

比起如花的生动,《胭脂扣》中的十二少形象非常模糊。若非张国荣的增色,几乎是一团迷雾。这样一个谜一样的脆弱男子,关上门来会为自己的境遇号哭的少爷,真要面对"一个痴心的人强悍如军队"的恋人，实在是很可怜的。活又活不好，死又没死成，一生的命运在儿子对永定的一通电话里就交代完毕了。十二少老来在片场当"茄哩啡"，也就是死跑龙套的，好像历史中的他、情史中的他，什么都担不起，功亏一篑。

"我们都不懂得爱情。有时，世人且以为这是一种'风俗'。"是小说中我最喜欢的一句话。

新腔

《孤恋花》
"人的一生回过头看,真是不知所云"

前几年看完《一把青》的时候,有一次去听曹瑞原导演演讲,讲到《孤恋花》上档时的坎坷,遇到了球赛以及其他琐事分散了关注度。最近重看了一遍《孤恋花》,原著小说很短,当时看完只觉得凄惨。印象里"总司令"云芳大概就是金大班的样子,只是另一种金大班的命运可能。而娟娟,就是朱凤一类的角色了,等着被人害,等着被人救。

如果仔细看电视剧《一把青》和《孤恋花》,会很容易看到曹瑞原强烈的个人风格。毕竟,"一棵树怎会生出不同的果子?"云芳和师娘,五宝、娟娟和小朱青也有共性。百乐门时期,外面乱得一塌糊涂,客人一个不来,她们就一起跳舞,和《一把青》中丈夫们去了东北,新生社的女人们伴着纸钱跳舞简直一模一样。

更有趣的是，改编中新加入的人物都很有戏，较之原有的人物更有生命力。

《一把青》改编剧本中最有趣的隐喻是，活到最后的都是新加入的人物，咬紧牙关的小邵，小说里没有这个人。把嫁了四次的小周，安在他的身上，又要把那些早早故去的或潦倒不堪的友人们的命运横陈在他眼前，关于这个断裂的时代，最精彩的话居然都是由他说出来的，"遇到再大的事，人都是没有什么办法可以面对的，只能靠硬撑"。为了对战友负责，任凭女朋友在远处怎么哭喊，他都不下车。小周问他，你怎么不下去，你要去跟人家告别一下啊，他说，我下去就上不来了。然后小周就不问了。这些枝蔓都不比小说差。特别像人的命运本身，其实没有多宏大的道理，人的命运和感情，脆弱到不过是一念之差。

《一把青》里面为郭轸的死哭得失魂落魄撞破了头的朱青，在后来知道小顾死的时候，头发上发卷都没有卸下来，她炖了一大锅糖醋蹄子，真想找人来吃啊，顺便叫隔壁勾着毛线的余奶奶一起打几圈麻将。电视剧里反而将小朱青因为撞破头绑上白毛巾的细节删掉了，其实蛮好的，像一个刚撞完南墙的人。我猜这个细节和《桃花扇》有关系，因为白先勇小说和桃花扇的辉映也是十分密切又十分细微的。更重要的是，对朱青来说，二十五岁的那个自己，变成了一团模糊，逐渐消隐。自己都不认识自己了，也不想念。后来写的《一把青》那么干涩，却既有《红楼梦》"烈火烹油、鲜花着锦"暂时繁华的影子，又有《桃花扇》那样徒劳的

新　腔

忠烈。

《孤恋花》中的上海话虽然很不整齐，但云芳为了给五宝赎身，委身于王老板，司机许秘书回头问的"侬值得伐"可谓原汁原味，又触人心弦。许秘书这个角色，大概是置换了小说里的卢根荣卢九，又新添上了旧年里的爱慕和惋惜，他隔着漫长的时间问云芳："你怎么又落到这种地方来了？"又特地告诉她，原来那王老板，辗转去了香港，沦落至调景岭，好像要看云芳的表情是喜是悲，可惜云芳是无喜无悲。她反而和曾经的情敌三郎成为更好的知己。这中间的性别秩序实在是幽微玄妙。《孤恋花》的人物结构，实在是很像陈端生的《再生缘》。发表于1970年《现代文学》杂志的《孤恋花》，到底是受到了陈端生的影响，还是受到了陈寅恪附于《论再生缘》文后数首七律的影响？就不知道了（或可见1958年余氏记陈寅恪先生《论再生缘》书后）。

陈端生的祖父说得很有意思："世之论者每云，女子不可以才名，凡有才名者，往往薄福。余独谓不然，福本不易得，亦不易全。"端生有"女之不劣于男"之憾，也不知道白先勇是否就是在用小说讨论这件事，但《孤恋花》和《再生缘》的互文是开门见山的："从前我们一道出堂差，总爱配一出《再生缘》，我唱孟丽君，五宝唱苏映雪。一段二黄，满腔的怨情都给唱尽了似的……两个人都长着那么一副飘落的薄命相。"

福本不易得，亦不易全。道理是这样，然而，实际上女性到如今的社会处境依然堪忧。最近听到一些故事，更觉得哀痛。时时处处都令人想起《第二性》中大致说的,哪怕是最有同情心的男性其实也不太能够真正理解女性的艰难处境。女性不息抗争的结果就像电视剧新添加的、好像评语一样的诠释,"人的一生回过头看,真是不知所云"。更重要的是,云芳说:"我是在男人堆子里混出来的,我和他们拼惯了""走了半天,我突然觉得有点寂寞起来。"

我很喜欢台北时期云芳对林三郎说的话,小说里没有。

她说:"我老了,你也是。"

新腔

后　记
一棵树怎会生出不同的果子

这是我在山东画报出版社出的第四本书了，山东画报出版社几乎见证了我25岁至30岁的成长旅程，我非常感激。

2017年年初，我从台湾政治大学博士毕业，回到复旦大学中文系创意写作专业工作。读硕士的时候，我念的这个专业还叫"文学写作"。毕业时，硕士论文写的是石黑一雄的小说。也是在2017年，石黑一雄爆冷拿了诺贝尔文学奖。开奖当天晚上，我的手机被打爆，但我一个电话都不敢接。

那天晚上我倒是想了不少事，还把自己的论文拿出来看了一遍，写得真糟糕。石黑一雄小说的简、繁体字版本及英文版本，曾经占据我一格书柜，现在已经蒙上了很厚的灰。有一本《群山淡景》，是当时到台大交换的同学为我影印的。后来他没有做学术，十分可惜，更可惜的是，毕业以后我们居然再没有见过。当中约过几次，都没有见成。我想这也是这些年的知交零落、人之常情。

我还记得硕士答辩时，有一位教授问我，你说石黑一雄小说里有"记忆的留白"，那你自己的小说里为什么没有"留白"……这个问题直到现在我都回答不了。去年有一次开会时，我的硕士指导教授王宏图很高兴地对别人说："她的论文就写的是石黑一雄欸。"让我瞬间感到无地自容。用时髦的话来说，这也许叫作"我想念我自己"，因为我已经完全不记得我为什么会研究石黑一雄，我想可能是因为他也是创意写作专业毕业的，成就了这个专业毕业生的传奇，发表小说、获奖、改编电影……但不知发生了怎样神秘的状况，后来几年我的兴趣、志向都发生了微妙的转移。唯独读小说这件事，断断续续还在坚持。有时读完了就写成文章换成稿费，有时纯粹是为了纾解压力。石黑一雄获奖之后，我特地去了一次东京，在书店买了一些他的小说，以表纪念。但我也知道，有些时光一去不返。心中想过的那些事，欣赏过的人，枝枝蔓蔓，琐琐碎碎，如果没有文字记录，大约也就被混沌的岁月彻底吞噬了。我的幸运在于，我是一个比较勤快的作家，还有生活压力。所以无论写得好不好，我的人生都种植在了更为清晰的时间上。

这本集子里的文章，大都是我这两年打点日常生活的证明书。要说艰苦，也是最后一里路的那种艰苦。我并不怀念这些时光，甚至努力想要忘记。而所谓"新腔"，也许是旧文新读，也许是故事新解；是时间的游戏，也是心事的重省。我总是想如果不写这样的文章，我的人生是不是能变得更加"整齐"一点、体面一点。但就像小说《教父》里说的："一个人只有一种命运。"

反正我也曾是个专栏作家。很感谢在我最困难的时候帮助过我的编辑们，感谢"73烟纸店"。

想起来给学生上课，最初是秋天的时候，说到大家熟悉的《湖心亭看雪》。我说这样恶劣的天气，这样的一个人，会选择特地跑出去看雪，他的内心到底是开心还是不开心呢？这会不会是一种行为艺术呢？这话现在想起来都有点尴尬，因为不管心情与处境如何，只要不是作家，跑出去看一看雪，大概根本就不是值得说道的事。在外面的那些人，可能既没有被贬官，也没有忧愁无告，也没有老尽少年心……就是很普通地在外面站了一会儿。只有我们这样的人，才会无事生非、小题大做地记录下来，还发表出来，沾沾自喜。可那是我的命运。

陈之藩写《念胡适》的文章里，有一处写一位受苦的修士因空难而亡，一生的苦都仿佛白受了。陈之藩曾经问，他为什么一家兄弟姐妹都当神职。另一个修士立即说："一棵树怎会生出不同的果子？"

"一棵树怎会生出不同的果子？"很好的话呢，像很多人的写作，也像很多人起起伏伏、变化又渐渐不再变化的一生。

2018.5 于上海

图书在版编目（CIP）数据

新腔／张怡微著. —济南：山东画报出版社，2018.8
ISBN 978-7-5474-2909-9

Ⅰ.①新… Ⅱ.①张… Ⅲ.①文艺评论—中国—当代—文集
Ⅳ.①I206.7-53

中国版本图书馆CIP数据核字（2018）第168053号

新　腔
张怡微　著

责任编辑	刘　丛
装帧设计	王　钧
出 版 人	李文波
插画作者	汪玉砚
主管单位	山东出版传媒股份有限公司
出版发行	山东画报出版社
社　　址	济南市胜利大街39号　邮编 250001
电　　话	总编室（0531）82098470
	市场部（0531）82098479　82098476（传真）
网　　址	http://www.hbcbs.com.cn
电子信箱	hbcb@sdpress.com.cn
印　　刷	山东临沂新华印刷物流集团有限责任公司
规　　格	148毫米×210毫米
	8.25印张　3幅图　200千字
版　　次	2018年8月第1版
印　　次	2018年8月第1次印刷
书　　号	ISBN 978-7-5474-2909-9
定　　价	68.00元

如有印装质量问题，请与出版社总编室联系更换。